中国高铁出版工程——科普系列·高铁史话

高铁问答

编著：胡启洲　李香红

西南交通大学出版社

·成　都·

图书在版编目（CIP）数据

高铁问答 / 胡启洲，李香红编著. —成都：西南交通大学出版社，2018.6

（高铁史话）

ISBN 978-7-5643-6283-6

Ⅰ.①高… Ⅱ.①胡… ②李… Ⅲ.①高速铁路–铁路运输–问题解答 Ⅳ.①U238-44

中国版本图书馆 CIP 数据核字（2018）第 150493 号

高铁史话

高铁问答

编著　胡启洲　李香红

出 版 人	阳　晓
策 划 编 辑	黄庆斌
责 任 编 辑	杨　勇
封 面 设 计	SA 工作室
出 版 发 行	西南交通大学出版社 （四川省成都市二环路北一段 111 号 西南交通大学创新大厦 21 楼）
发行部电话	028-87600564　028-87600533
邮 政 编 码	610031
网　　　址	http://www.xnjdcbs.com
印　　　刷	四川煤田地质制图印刷厂
成 品 尺 寸	170 mm × 230 mm
印　　　张	8.5
字　　　数	118 千
版　　　次	2018 年 6 月第 1 版
印　　　次	2018 年 6 月第 1 次
书　　　号	ISBN 978-7-5643-6283-6
定　　　价	25.00 元

图书如有印装质量问题　本社负责退换

版权所有　盗版必究　举报电话：028-87600562

前　言

高铁作为一种安全可靠、快捷舒适、运载量大、低碳环保的运输方式，已经成为世界交通业发展的主要运输方式。目前，许多国家和地区都在研究、规划和建设高铁。截至2017年12月31日，世界高铁总营业里程约4万千米，正在规划和建设的高铁有2万千米，高铁的普及给民众带来实惠的同时，也带来了许多疑虑。所以，《高铁问答》作为"高铁史话"的科普系列读物之一，主要通过"您问我答"的形式，向广大民众讲解有关高铁的问题和概念，达到普及高铁知识的目的。

《高铁问答》从广义高铁概念出发，基于"轮轨高铁、磁浮高铁、超级高铁"等三个方面，介绍高铁的基本知识、概念术语与发展历程等内容，并通过一些有趣的图和表，采用通俗易懂的语言，详细解读了世界各国高铁发展中人们关注的热点问题和疑难困惑。

本书由南京理工大学高速铁路科学研究所胡启洲团队创作。团队成员主要有上海铁路局曲思源博士，河南理工大学李香红副教授、宋晖颖老师，南京理工大学诸云博士研究生、谈敏佳博士研究生和吴鹏、刘倩茜、周畅、陈杰、丛子荃、李晓菡、岳民、曾爱然、周浩、王荣荣等硕士研究生。

作为科普读物，惠及大众是我们每个人的最高境界。《高铁问答》部分图片和内容来自网络，由于无法找到源头，在此向原作者及相关人员表示感谢和敬意。在写作本书的过程中，编者得到了编辑部同仁的无私帮助，在此也表示衷心感谢。

本书语言通俗、图文并茂、简单易懂，适合作为高铁爱好者的读物，也可以作为科研工作者、工程技术人员、管理工作者、大专院校师生的读物。但由于时间关系和水平有限，书中难免有疏漏和不当之处，敬请大家赐教批评。

编著者

2018年3月

目 录

1 绪　论 ·· 1

2 轮轨高铁 ·· 3
 2.1 轮轨高铁的发展过程 ························· 3
 2.2 轮轨高铁的"车、线、站"如何设计？········ 16
 2.3 轮轨高铁的技术性能 ························· 41
 2.4 轮轨高铁的服务质量 ························· 50
 2.5 轮轨高铁的安全态势 ························· 64

3 磁悬浮高铁 ··· 76
 3.1 磁悬浮列车的基本原理 ······················ 77
 3.2 磁悬浮列车的技术特性有哪些？············ 79
 3.3 各国磁悬浮发展历程如何？·················· 80

4 超级高铁 ·· 87
 4.1 超级高铁的基本定义 ························· 87
 4.2 超级高铁的发展历程 ························· 91
 4.3 超级高铁的"车、线、站"设计理念··········· 96
 4.4 超级高铁的技术性能 ························· 102
 4.5 超级高铁的安全态势 ························· 104
 4.6 超级高铁的可行性怎么样？·················· 106
 4.7 超级高铁的发展意义 ························· 107

5 高铁的基本常识 ·· 108

- 5.1 高速铁路列车为什么左行? ·························· 108
- 5.2 高速铁路为什么无座火车票不半价? ············ 110
- 5.3 高速铁路辐射是否符合国际标准? ··············· 111
- 5.4 高速铁路为什么不夜间运行? ······················ 112
- 5.5 高速铁路为什么多数建在桥上? ··················· 113
- 5.6 高速铁路为什么没有安全带? ······················ 114
- 5.7 高铁站为什么建在离市区较远的地方? ········ 114
- 5.8 高铁与动车有什么区别? ····························· 116
- 5.9 高铁如何命名? ·· 118
- 5.10 城际铁路和客运专线有什么区别? ············· 118
- 5.11 高铁座位为什么没有 E? ···························· 120
- 5.12 坐动车组看外面的景物
  为什么不快也不晕车? ································ 121
- 5.13 旅客列车的分类有哪些?
  它们的代码都是什么意思? ························ 122
- 5.14 高铁是如何定价的? ··································· 123
- 5.15 中国高铁为什么没选高大上的磁悬浮? ······ 124
- 5.16 为何要研发时速 600 km 磁浮列车? ············ 125

参考文献 ··· 128

1　绪　论

"高铁一响,心情舒畅;高铁再响,黄金万两",表达了各国民众和政府对高速铁路的态度。高速铁路(High Speed Railways)由于具有高端性、快速性、便捷性、安全性、准点性等特点,广受各国民众和政府推崇,同时也是当前交通领域研究的重要内容。但对于"高速铁路"一词,一直没有统一的定义,所以不同的组织或国家均对"高速铁路"有各异的标准。但近年各国各地的标准均趋于接近,基本都采取国际铁路联盟(英文全称是International Union of Railways,而UIC是法文Union Internationale des Chemins de Fer全称的缩写)的定义:高速铁路指通过改造原有线路使其设计速度达到200 km/h,或新建线路的设计速度达到250 km/h以上的线路。

一、狭义高铁和广义高铁有什么区别?

高速铁路是一个系统,简称高铁。它包括狭义高铁和广义高铁。即:

(1)狭义高铁:"狭义"上的高速铁路,是指传统的轮轨式高速铁路运输系统,这也是最普遍的一种理解,也叫常规高铁。

(2)广义高铁:"广义"上的高速铁路,是指传统的轮轨式高速铁路运输系统,使用磁悬浮技术的高速轨道运输系统,以及超级高铁运输系统等。

二、如何区别轮轨高铁、磁浮高铁和超级高铁?

高速铁路包括轮轨式高速铁路、磁悬浮式高速铁路以及超级高铁等。所以,根据高速铁路的运输方式,高铁可以分为:轮轨高铁、磁浮高铁

（即磁悬浮高铁）、超级高铁。

（1）轮轨高铁。轮轨高铁也叫常规高铁，基于轮轨原理，在轨道上高速运行的高铁系统。

（2）磁浮高铁。磁浮高铁也叫磁悬浮高铁，利用磁悬浮技术，在轨道上高速运行的高铁系统。

（3）超级高铁。超级高铁是在一条与外部空气隔绝的管道，并将管内抽为真空后，运载工具（即超级列车）处于一个几乎没有摩擦力的环境中，利用低压管内的浮舱以超音速（音速约 1 200 km/h）的速度运行。

本书主要从"轮轨高铁、磁浮高铁、超级高铁"等三个方面，通过"您问我答"的形式，介绍高铁的基本知识、概念术语与发展历程等内容，详细解读世界各国高铁发展中人们关注的热点问题和疑难困惑。

2 轮轨高铁

轮轨高铁作为一种安全可靠、快捷舒适、运载量大、低碳环保的运输方式，已经成为世界交通业发展的主流交通方式，引领人类走向新时代。据国际铁路联盟统计，截至 2017 年 12 月 31 日，世界所有国家和地区轮轨高铁总营业里程 4 万千米，其中我国 2.5 万千米。

2.1 轮轨高铁的发展过程

1964 年 10 月 1 日，世界上第一条真正意义上的高速铁路东海道新干线（东京—大阪）在日本正式通车，标志着世界轮轨高铁新纪元的到来。经过几十年发展，轮轨高铁经历了"从无到有、从有到多、全球共享"的过程。

2.1.1 什么是轮轨高铁？

世界上第一条正式的高速铁路系统是 1964 年建成通车的日本新干线，属于轮轨高铁，设计速度 200 km/h。后来随着技术进步，轮轨高铁的速度变得更快，像中国正在快速大规模地修建高速客运专线和城际客运专线，将列车最高运营速度提到 350 km/h。

图 2-1　轮轨高铁

轮轨高铁：通过改造原有线路（直线化、轨距标准化），使营运速率达到 200 km/h 以上，或者专门修建新的"高速新线"，使营运速率达到 250 km/h 以上的铁路系统，如图 2-1 所示。高速铁路除了列车在营运达到速度一定标准外，车辆、路轨、操作都需要配合提升。

2.1.2　世界上第一辆轮轨高铁何时出现的？

德国最早研发轮轨高铁。德国是世界上试验高速列车最早的国家，时间可以追溯到一百多年前的 1899 年。当时普鲁士国家铁路联合 10 家电力和工程公司，在马林菲尔德至佐森长 72 km 的铁路上进行高速列车的试验。列车采用 10 kV、45 Hz 的三相交流电作为动力源。试验证明了采用电力牵引的高速列车是可行的。德国高铁如图 2-2 所示。

图 2-2　德国高铁

日本最早建设轮轨高铁。日本政府为了军需运输需要，准备从日本东京到下关港修建一条国际标轨距的客货混用的铁路干线，称之为"新干线"，采用蒸汽和电力机车牵引，速度可以达到 200 km/h。在 1964 年 10 月 1 日早上 5 时 59 分，在东京奥运会前夕，日本东海道新干线首发了第一趟"光"号动车组，动车从东京开往大阪，全程 515 km，一般运营速度为 210 km/h，最高速度为 270 km/h，东京到大阪的旅行时间从 6.5 h 缩短到 4 h。日本新干线如图 2-3 所示。

图 2-3　日本新干线

2.1.3　中国的第一条高铁是哪一条？

到 2017 年 12 月底，中国是全世界运营里程最长、在建规模最大、唯一形成"四纵四横"高铁网络的国家。到 2020 年 12 月，中国高铁铁路营业里程将达到 3 万千米以上，中国将形成"八纵八横"高铁网络。中国铁路坚持原始创新、集成创新和引进消化吸收再创新相结合，构建了具有自主知识产权和世界先进水平的高速铁路技术体系。中国第一条轮轨高铁是哪条呢（主要是指中国大陆高铁，不包括中国台湾高铁。因为中国台湾高铁采用日本技术，没有创新）？

（1）中国第一条通车最早的高铁——京津城际高铁。京津高铁连接北京和天津，全长 120 km，是我国第一条采用先进的无砟轨道技术铺设轨道的高铁，运用世界最先进的长钢轨焊接工艺，无连接缝隙。京津城际高铁相关内容和数据见表 2-1 和图 2-4。

表 2-1　京津城际高铁

建设时间	2005 年 6 月
运营时间	2008 年 8 月 1 日
沿线车站	北京南站、亦庄站、永乐站（预留）、武清站、天津站

京津城际高铁
运营时间：2008 年
线路全长：120 km
列车最小行车间隔：3 min
列车最快时速：350 km
全程时间：29 min

图 2-4　京津城际高铁

（2）中国第一条官方没承认的高铁——秦沈客运专线。秦沈客运专线是中国铁路第一条快速客运专线，全长 404 km，是中国铁路进入高速化的起点，为中国铁路的发展奠定了坚实的基础，也为后来的京沪高铁提供了大量的参考资料。秦沈线运行时速 200 km，设计时速 250 km。秦沈客运专线相关内容和数据见表 2-2 和图 2-5。

表 2-2　秦沈客运专线

建设时间	1999 年 8 月 16 日
运营时间	2003 年 10 月 12 日
沿线车站	秦皇岛站、山海关站、东戴河站、绥中北站、葫芦岛北站、锦州南站、盘锦北站、台安站、辽中站、沈阳北站

秦沈客运专线
投入运营：2003 年
全长：404 km
最高速度：250 km/h

图 2-5　秦沈客运专线

（3）中国第一条最早开工的高铁——合武高铁。中国于 2005 年最早开工建设的高铁，全长 351 km，由安徽合肥至湖北武汉。2009 年开通之时，也是中国动车组首次跨越长江。因为是条老线，其运营时速亦是 200 km，设计时速 250 km。合武高铁相关内容和数据见表 2-3 和图 2-6。

表 2-3　合武高铁

建设时间	2005 年
运营时间	2009 年 4 月 1 日
沿线车站	合肥站、桃花店站、合肥西站、长安集站、南分路站、六安站、独山站、金寨站、天堂寨站、墩义堂站、三河站、麻城北站、红安西站、汉口站

合武高铁
开工时间：2005 年
设计速度：350 km/h
全长：约 300 km

图 2-6　合武高铁

高铁问答

（4）中国第一条达到高铁标准的铁路——武广高铁。武广高铁实际为京广高铁的南段，全长 1 068.8 km。因为它是中国第一条时速 350 km 的高铁，故也是中国第一条达到高铁标准的高铁。武广高铁相关内容和数据见表 2-4 和图 2-7。

表 2-4　武广高铁

建设时间	2005 年 6 月 23 日
运营时间	2009 年 12 月 26 日
沿线车站	武汉站、咸宁站、赤壁站、岳阳站、长沙站、株洲站、衡山站、衡阳站、耒阳站、郴州站、乐昌站、韶关站、英德站、清远站、花都站、广州南站

图 2-7　武广高铁

2.1.4　中国轮轨高铁发展现状如何？

至 2017 年年底，中国已投入使用的高铁线路总长高达 2.5 万千米，占全球高铁线路总长的 65%。从 120 千米到 2.2 万千米，不到 10 年的时间，中国高铁运营里程增长了 180 倍！2020 年中国高铁线路总长将达 3 万千米。中国高铁历年来建设里程如图 2-8 所示。

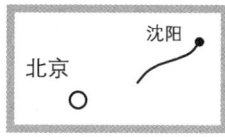

（a）2003年高铁建设里程

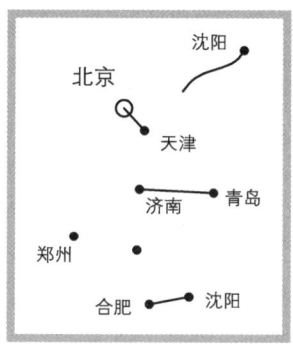

（b）2008年高铁建设里程

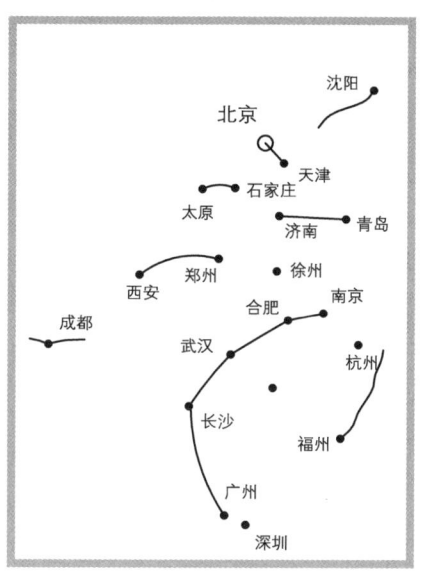

（c）2009年高铁建设里程

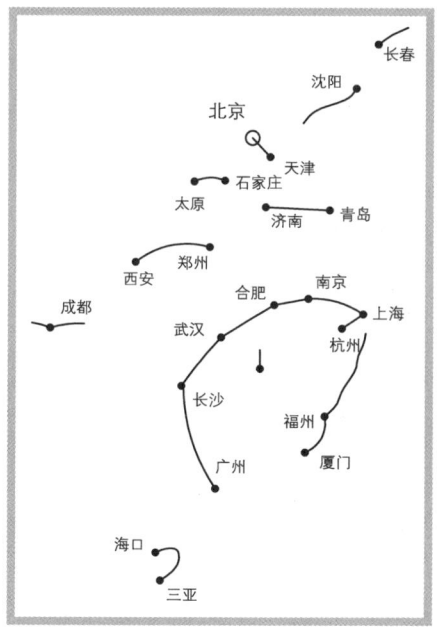

（d）2010年高铁建设里程

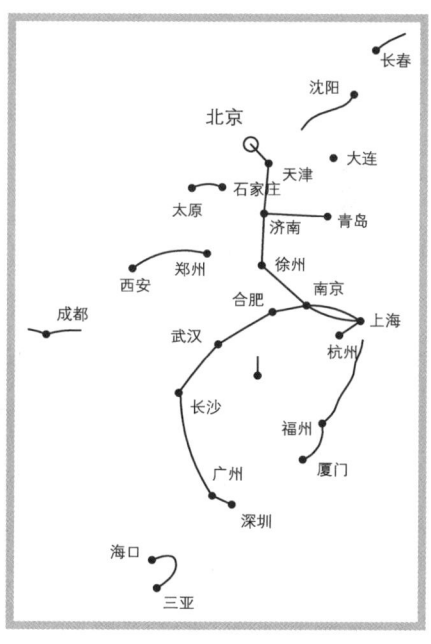

（e）2011年高铁建设里程

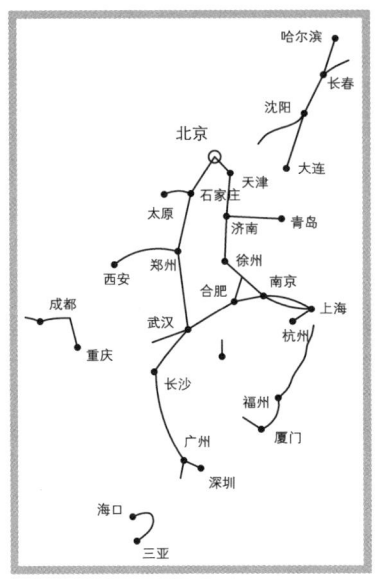

（f）2012年高铁建设里程

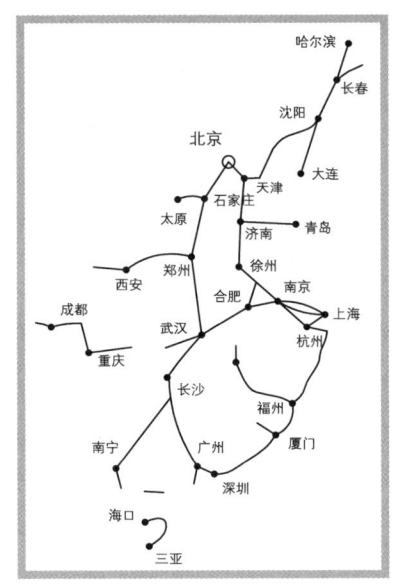

（g）2013年高铁建设里程

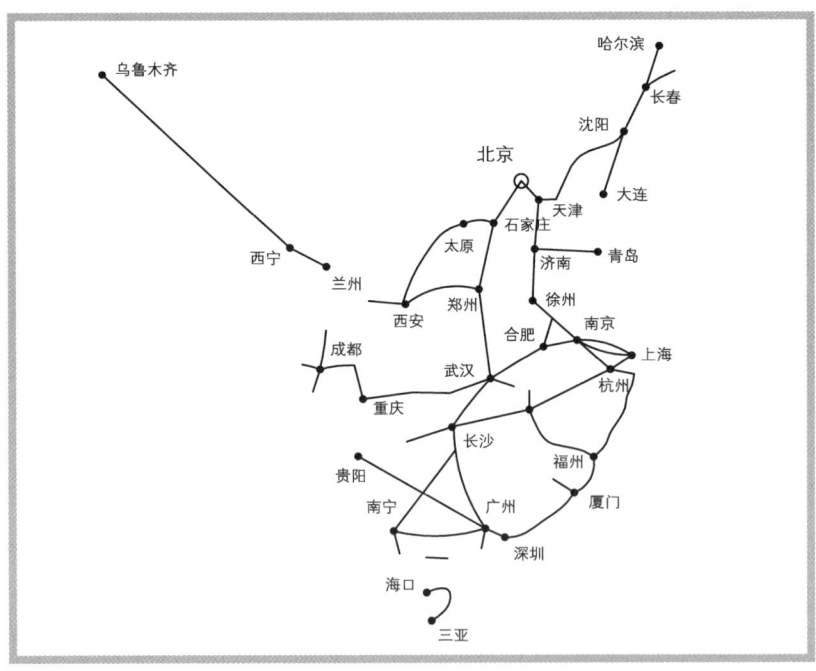

（h）2014年高铁建设里程

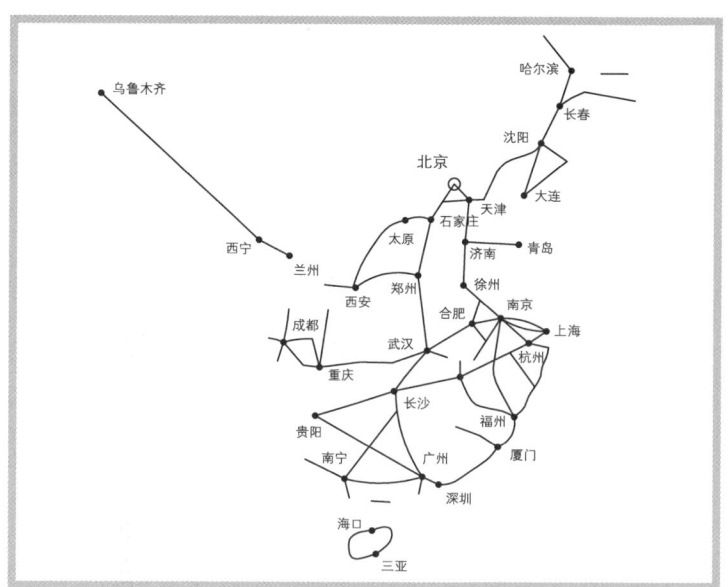

（i）2015年高铁建设里程

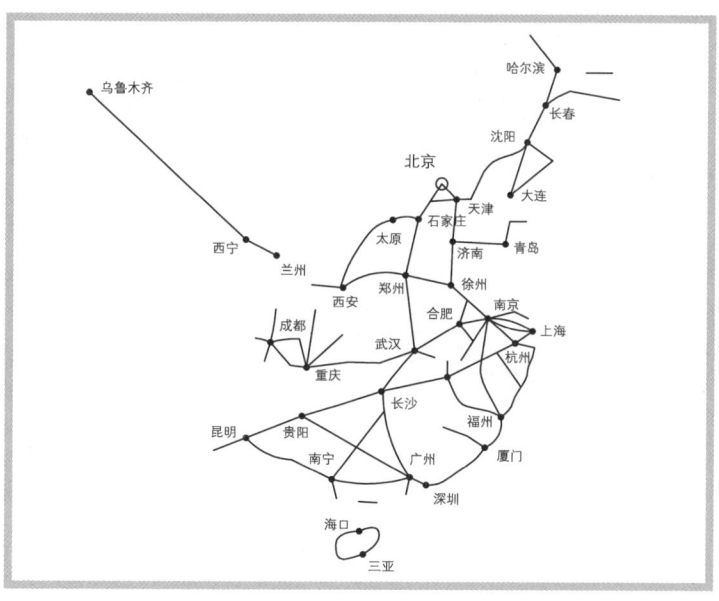

（j）2016年高铁建设里程

图2-8 中国高铁历年来建设里程

2.1.5 世界轮轨高铁的综合排名

轮轨高铁作为现在最流行的交通工具之一，始于日本，发展于欧洲，格局大变于中国，受惠于世界各国。虽然，目前掌握高铁技术的国家约有7个，但他们对高铁贡献有差异。基于多角度分析，世界各国轮轨高铁的综合排名如下：

第一名：中国"CRH（China Railway High-speed）"轮轨高铁。中国的轮轨高铁排在第一位，不仅仅是因为中国2.5万千米的总里程，超过其他所有国家高铁里程的总和，更是因为中国改变了高铁这种交通工具的命运，让高速铁路由一个小众的交通工具走向大众普及。中国轮轨高铁不但技术全面，而且技术更成熟，特别是降低了轮轨高铁建设成本和运营成本，促进了高铁世界化。基于多方面的考量，中国轮轨高铁综合排名第一。中国和谐号CRH动车组如图2-9所示。

图2-9　中国和谐号CRH动车组

第二名：日本"新干线（Shinkansen）"轮轨高铁。日本是世界高铁的创始国，拥有世界一流的轮轨高铁技术（特别是日本轮轨高铁的防震技术，天下第一），截至2017年，日本新干线总里程达到了3 000 km左右，仅次于中国，位居世界第二位。日本新干线列车如图2-10所示。

图 2-10　日本新干线列车

第三名：法国"TGV（(le train à grande vittesse)"轮轨高铁。法国是第二个掌握高铁技术的国家。如果说日本开启了世界铁路高速时代，而法国则证明高速铁路是一种具有竞争力的现代交通工具，让高铁逐渐走向普及。特别是欧洲采用了法国高铁技术来构建欧洲高铁网络，所以法国高铁综合排名第三。法国 TGV 如图 2-11 所示。

图 2-11　法国 TGV

第四名：德国"ICE（Inter City Express）"轮轨高铁。德国也是世界高铁大国，是世界上第三个拥有高铁技术的国家，也是世界上最早研究

 高铁问答

高铁的国家之一，而且德国高铁技术比较全面。特别是 1933 年，德国创造了时速 230 km 的世界纪录。所以，德国是世界铁路高速化的引领者，综合排名第四。德国 ICE 高铁如图 2-12 所示。

图 2-12　德国 ICE 高铁

第五名：西班牙"AVE（意为'鸟'）"轮轨高铁。西班牙的高铁技术采用了法国 TGV 的技术，并研发了自己的高铁技术。目前，西班牙高铁运营里程达到 2 000 km 以上，和欧洲一起实现高铁网络化。所以，西班牙的轮轨高铁世界综合排名第五。西班牙 AVE 高铁如图 2-13 所示。

图 2-13　西班牙 AVE 高铁

第六名：意大利"Italo"轮轨高铁。意大利也是欧洲最早建设高铁的国家。意大利起初并不依赖建设全新路线，而采用倾斜列车提速。意大利的高速铁路较为特殊，除有意大利国铁外尚有一家民营高速铁路企业，名为新旅客交通（NTV），列车名为 Italo。目前，意大利高铁运营里程达到 1 000 km 以上，和欧洲一起实现高铁网络化。所以，意大利的轮轨高铁世界综合排名第六。意大利高铁如图 2-14 所示。

图 2-14　意大利高铁

第七名：韩国"KTX（Korea Train Express）"轮轨高铁。韩国高铁在引进的法国 TGV 车辆技术基础上，结合韩国的现代技术进行整合，有了自己的高铁技术。韩国是世界上第四个掌握高铁技术的国家，也是亚洲第二高铁运营的国家。所以，韩国的轮轨高铁世界综合排名第七。韩国 KTX 高铁如图 2-15 所示。

图 2-15　韩国 KTX 高铁

高铁问答

2.2 轮轨高铁的"车、线、站"如何设计？

轮轨高铁系统主要由高速列车、线路和车站等部分构成，不同的车型和站型源于不同的设计理念。而高铁的设计理念主要来源于生活，但高于生活。轮轨高铁中的设计理念主要表现在高速列车和高速站点。

2.2.1 高铁列车的设计理念

为了减少运行阻力，高速列车主要模仿自然界中的动物来设计。如高铁车头设计得又扁又长，而且其长度差不多占据了车身的一半。所以，高速列车采用仿生学流线型设计，降低阻力，同时细长头型是为了减缓进入隧道时的气压冲击。目前仿生的动物：胖头鱼、鲨鱼、兔子、驴、猎豹等。几种动物的仿生如图 2-16 所示。

图 2-16 几种动物的仿生

（1）基于"鹰"的高速列车仿生设计理念。鹰（hawk，eagle）泛指小型至中型的白昼活动的隼形类鸟。基于鹰的勇猛，利用仿生学原理来设计高速列车。如图 2-17 ~ 2-19 所示。

图 2-17　鹰头部形态特征

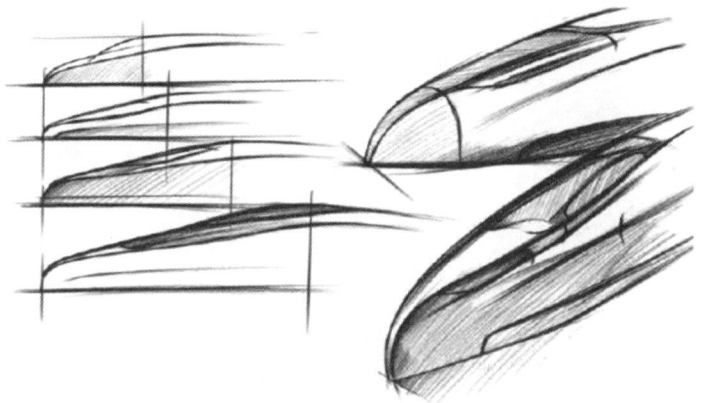

图 2-18　以鹰头为仿生对象的设计方案图

图 2-19　以鹰头为仿生对象的高速列车

(2)基于"叶海龙"的高速列车仿生设计理念。叶海龙(*Phycodurus eques*)是海龙科,叶海龙属鱼类。体长平均 30 cm,身体由骨质板组成。吻管状,内部无牙,细长。所以基于叶海龙的特征,利用仿生学原理来设计高速列车。如图 2-20 和图 2-21 所示。

图 2-20 叶海龙

图 2-21 以叶海龙为仿生对象的高速列车

(3)基于"戴氏火背鹇"的高速列车仿生设计理念。泰国火背鹇(*Lophura diardi*)是一种中等大小,约有 80 cm 长的雉鸡。所以,也可以基于戴氏火背鹇的特征,利用仿生学原理来设计高速列车。如图 2-22 ~ 2-24 所示。

图 2-22 戴氏火背鹇的形象

图 2-23 以戴氏火背鹇为仿生对象的设计方案图

图 2-24 基于"戴氏火背鹇"的高速列车

（4）基于"胖虫"的高速列车仿生设计理念。许多幼虫呈蠕虫状，半透明至乳白色，有的种类比较长，蛀蚀植物，常常在植物上引起条形

高铁问答

隆起或蛀洞，具有良好的折叠性。所以，也可以基于胖虫的特征，利用仿生学来设计高速列车。如图 2-25～2-27 所示。

图 2-25　胖虫形态特征

图 2-26　胖虫的设计方案图

图 2-27　基于"胖虫"的高速列车

"物竞天择，适者生存"。自然界有许多动物，无论飞禽还是走兽，能够生存下来，都有自己的一技之长，值得人类去研究和学习。因此，我们在设计高铁的时候，多向自然界学习和模仿。

2.2.2　中国高速列车有哪些？

中国交通运输部与外国公司合作生产：CRH1（加拿大庞巴迪公司），CRH2（日本川崎重工公司），CRH3（德国西门子公司），CRH5（法国阿尔斯通公司），因为中国讲究文化心理，没有 4 号车。CRH6 是中国南车集团（南京和青岛）研制生产的，CRH380 系列是自主研制生产的。中国的轮轨高铁经历了第一代、第二代和第三代。

1. 中国的第一代轮轨高铁　第一代轮轨高铁是从 2006 年左右开始，大规模引进日本、法国、德国等国家高铁技术，在进行消化、吸收、创新的基础上，建造的高速列车。第一代轮轨高铁主要有四个系列：CRH1、CRH2、CRH3 和 CRH5。

（1）第一代轮轨高铁的 CRH1 系列。第一代轮轨高铁的 CRH1 系列主要有：CRH1A、CRH1B、CRH1E、CRH1A-A、CRH1E-A。如图 2-28 所示。

（a）CRH1A

（b）CRH1B

（c）CRH1E

（d）CRH1A-A

（e）CRH1E-A

图 2-28　CRH1 系列

（2）第一代轮轨高铁的 CRH2 系列。第一代轮轨高铁的 CRH2 系列主要有：CRH2A、CRH2B、CRH2C、CRH2E、CRH2G、新 CRH2E。如图 2-29 所示。

（a）CRH2A

（b）CRH2B

（c）CRH2E

（d）CRH2C

（e）CRH2G

（f）新 CRH2E

图 2-29　CRH2 系列

（3）第一代轮轨高铁的 CRH3 系列。第一代轮轨高铁的 CRH3 系列主要有：CRH3A 和 CRH3C。如图 2-30 所示。

（a）CRH3C

（b）CRH3A

图 2-30　CRH3 系列

（4）第一代轮轨高铁的 CRH5 系列。第一代轮轨高铁的 CRH5 系列主要有：CRH5A、CRH5G 和 CRH5E。如图 2-31 所示。

（a）CRH5A

（b）CRH5G

（c）CRH5E

图 2-31 CRH5 系列

2. 中国的第二代轮轨高铁　第二代轮轨高铁是在吸收消化引进技术后，根据我国铁路运营特点，自主研发的，编号都以 CRH380 开头。第二代轮轨高铁主要有四个系列：CRH380A、CRH380B、CRH380CL 和 CRH380D，即 CRA380 系列。如图 2-32 所示。

（a）CRH380A（AL）

（b）CRH380B（BL，BG）

（c）CRH380CL

（d）CRH380D

图 2-32 CRH380 系列

3. 中国的第三代轮轨高铁 第三代轮轨高铁属于中国标准动车组。第三代轮轨高铁主要有两个系列：CR400AF 和 CR400BF。如图 2-33 所示。

图 2-33 CR400 系列

4. 中国的其他轮轨高铁 除三代高铁成员外，中国高铁大家族还包括用于检测轨道、接触网状态的综合检测列车。如图 2-34 ~ 2-38 所示。

图 2-34 CRH2I-0205

高铁问答

图 2-35　CRH380BJ-A-0504

图 2-36　CEH380HJ-0301

图 2-37　CRH380AJ-0201

图 2-38　CRH5J-0501

另外，还有将在我国香港运行的港铁动车组 CRH380A，如图 2-39 所示。

图 2-39　CRH380A

2.2.3　高铁车站的设计理念

"有车站的地方，就有生活"，高铁车站是高铁系统的主要组成部分，必须满足"进（归来）和出（离开）"的功能。所以，在高铁车站建筑设计中，各个站点融入最新设计理念，充分体现现代化站房的功能。而且车站设计保证乘客使用安全、方便，并具有良好的内部和外部环境条件，为乘客提供安全、舒适的乘车环境。

1. 车站的内部设计　高铁站点对内部要保证流线便捷、顺畅，避免交叉干扰，并提供适用、高效、便利的旅客服务设施。这样才能充分体现"以人为本，方便旅客"的设计理念。如图 2-40 所示。

图 2-40　车站内部

2. 车站的建筑设计　高铁站点在建筑造型设计上，要结合当地的历史文化、地域特征等，设计出来的高铁站点不但要风格各异，而且要赏心悦目。如图 2-41 ~ 2-48 所示。

天津西站
建成时间：2014 年
占地面积：68 万平方米

图 2-41　天津站

· 2 轮轨高铁 ·

西安北站
建成时间：2011 年
占地面积：53.3 万平方米

图 2-42 西安北站

哈尔滨西站
建成时间：2011 年
建筑面积：17 万平方米

图 2-43 哈尔滨西站

深圳北站
建成时间：2011 年
占地面积：240 万平方米

图 2-44 深圳北站

高铁问答

北京西站
建成时间：1996 年
占地面积：51 万平方米

图 2-45　北京西站

武汉站
建成时间：2009 年
建筑面积：37 万平方米

图 2-46　武汉站

南京南站
建成时间：2011 年
建筑面积：45.8 万平方米

图 2-47　南京南站

· 2 轮轨高铁 ·

苏州站
建成时间：2011 年
建筑面积：13.4 万平方米

图 2-48　苏州站

2.2.4　高铁车站的命名有规律吗？

高铁站命名有没有规律：高铁站中的 XX 东站、XX 南站、XX 西站、XX 北站，如何命名的？

根据统计分析，中国内地：华北多东站、华南多北站、东北多西站、西北多南站。因此，中国内地的高铁站命名有规律可循的。一方面，高铁站命名蕴含着丰富的铁路规划与地理知识；另一方面，高铁站的命名跟线路的走向以及当地地理条件密切相关。所以，通过一个高铁站的名称，可以对一座城市所处的地貌做出基本判断。如南北向高铁（XX 东/西站）偏多，如果西侧有山脉、大湖，则常常选择靠城市带东走，导致（XX 东站）变多。东西向高铁（XX 南/北站）偏多，如果南侧有山脉、大湖，则常常选择靠城市带北走，导致（XX 北站）变多。

2.2.5　印象深刻的高铁站有哪些？

目前，我国高铁站点较多，而且好多高铁站点号称"XX 第一"。如南京南站、杭州东站、北京南站、郑州东站、上海虹桥站、西安北站等高铁车站都争夺"亚洲第一"这个名号。究竟中国号称亚洲第一的高铁站是哪家呢？中国高铁站规模前十排行榜见表 2-5。

表 2-5 中国高铁站规模前十排行榜

排名	站名	站场规模	建筑面积/万平方米	总投资/亿元	备注
1	西安北站	18台34线	42.5	61	站场规模、站房面积第一
2	郑州东站	16台32线	41.2	94.7	
3	上海虹桥	16台30线	24	150	占地面积、旅客流量第一
4	昆明南站	16台30线	33.4	31.8	
5	贵阳北站	15台32线	25.5	66.7	
6	重庆西站	15台31线	28	30.8	
7	杭州东站	15台30线	34	98	
8	广州南站	15台28线	61.5	130	日次第一
9	南京南站	15台28线	45.8	140	建筑面积第一
10	重庆北站	14台29线	26.6		改造站

考量一个高铁站是不是"最大",需要用科学的指标去衡量高铁站点。"亚洲第一"不单单是指占地面积最大,还是建筑面积最大,而且还要考虑通过的列车量、旅客流通量以及投资额等指标。

(1)西安北站。西安北站有18台34线,位于陕西省西安市,总投资61亿元,占地53.3万平方米,规划整体建筑面积42.5万平方米,主体建筑面积33.6万平方米。如图2-49所示。

西安北站
建成时间:2011年
建筑面积:42.5万平方米

图 2-49 西安北站

西安北站是全国接线最多、站场规模最大的特大型铁路客运站，是西安"三主两辅"铁路客运枢纽之一，也是国家大型高铁枢纽、中国大型高铁站之一。车站等级：特等站；隶属：西安铁路局。

（2）郑州东站。郑州东站有16台32线，位于河南省郑州市郑东新区，总投资94.7亿元，全国唯一的一座高铁"米"字型枢纽，总建筑面积为41.2万平方米，郑州东站是全国建筑面积最大的铁路客运站。2012年9月28日，郑州东站正式启用。车站等级：特等站；隶属：郑州铁路局。如图2-50所示。

郑州东站
建成时间：2012年
建筑面积：41.2万平方米

图2-50 郑州东站

（3）上海虹桥站。上海虹桥站有16台30线，位于上海市闵行区申虹路，东邻上海虹桥国际机场T2航站楼，是一座高度现代化的中国铁路客运车站、亚洲超大型铁路综合枢纽，是华东地区最大的火车站之一。如图2-51所示。

上海虹桥站
建成时间：2010年
建筑面积：24万平方米

图2-51 上海虹桥站

高铁问答

上海虹桥站2010年7月1日启用，总投资超过150亿元人民币，总占地面积超过130万平方米，相当于3个天安门广场。总建筑面积约24万平方米。日均旅客发送量近14万人次。车站等级：特等站；隶属：上海铁路局。

（4）昆明南站。昆明南站有16台30线，位于云南省昆明市呈贡区，是我国西南地区规模最大的综合交通枢纽，总投资约31.84亿元，总建筑面积334 700平方米，2016年12月28日正式通车运营，昆明南站主要承接云桂、沪昆、渝昆、成昆、昆玉等铁路客运专线。车站等级：特等站；隶属：昆明铁路局。如图2-52所示。

昆明南站
建成时间：2016年
建筑面积：33.4万平方米

图2-52 昆明南站

昆明南站是云南"八入滇、五出境"国际铁路通道的重要节点，是西南地区建设规模最大的火车客运站。昆明南站还是国家"一带一路"规划中辐射东南亚的重要基础设施，被称为"泛亚铁路第一站"。

（5）贵阳北站。贵阳北站有15台32线，位于贵阳市观山湖区，是西南规模最大的综合性铁路交通枢纽之一，总投资66.76亿元，建筑面积25.5万平方米，于2014年12月26日正式投入运营。贵阳北站填补了西南地区300 km时速高铁的空白。车站等级：特等站；隶属：成都铁路局。如图2-53所示。

贵阳北站
建成时间：2014 年
建筑面积：25.5 万平方米

图 2-53　贵阳北站

（6）重庆西站。重庆西站有 15 台 31 线，位于重庆市沙坪坝区，2014 年 12 月开工建设，总投资 30.8 亿元，总建筑面积约为 28 万平方米。2017 年年底建成投用。车站等级：特等站；隶属：成都铁路局。如图 2-54 所示。

重庆西站
建成时间：2018 年
建筑面积：28 万平方米

图 2-54　重庆西站

（7）杭州东站。杭州东站有 15 台 30 线，位于城东新城天城路 1 号，总投资约 98 亿元，总建筑面积 34 万平方米，是杭州市的东大门，一座高度现代化的客运特等站，也是杭州目前接驳功能最为齐全的交通枢纽，是全国大型铁路枢纽站之一，同时还是亚洲最大的交通枢纽之一。车站等级：特等站；隶属：上海铁路局。如图 2-55 所示。

35

高铁问答

杭州东站
建成时间：2013 年
建筑面积：34 万平方米

图 2-55　杭州东站

（8）广州南站。广州南站有 15 台 28 线，位于广东省广州市番禺区，总投资为 130 亿元，总建筑面积约 61.5 万平方米，是华南地区最大、最繁忙的高铁枢纽站，于 2004 年 12 月 30 日动工兴建，并于 2010 年 1 月 30 日建成启用。车站等级：特等站；隶属：广州铁路（集团）公司。如图 2-56 所示。

广州南站
建成时间：2010 年
建筑面积：61.5 万平方米

图 2-56　广州南站

广州南站是连接京广高铁、广深港高速铁路、广珠城轨、贵广高铁和南广快速铁路的重要枢纽。根据 12306 网站显示，广州南站经停车次（含始发、终到、过路）位列全国第一，超越上海虹桥站及北京南站等其他国家特大型车站。

（9）南京南站。南京南站有 15 台 28 线，位于南京市雨花台区，是中国铁路客运特等站、华东地区最大的交通枢纽，连接 8 条高等级铁路的国家铁道枢纽站，2008年1月10日兴建，总投资140亿元，2011年6月28日启用。车站等级：特等站；隶属：上海铁路局。如图2-57所示。

南京南站
建成时间：2011年
建筑面积：45.8万平方米

图2-57　南京南站

南京南站占地近70万平方米，总建筑面积约45.8万平方米，是亚洲第一大火车站和亚洲第一大高铁站。日发送旅客人数约8万次，周末接近10万人次。

（10）重庆北站。重庆北站有14台29线，位于重庆渝北区，是全国铁路枢纽之一、全国铁路客运特等站，建成时是西南地区规模最大的火车站。如图2-58所示。

重庆北站
建成时间：2006年
建筑面积：26.6万平方米

图2-58　重庆北站

重庆北站首次应用了中国第一套具有自主知识产权的客运信息自动化系统。车站等级：特等站；隶属铁路局：成都铁路局。

高铁问答

2.2.6 经典的高铁线路有哪些？

到 2017 年 12 月底中国高速铁路是全世界运营里程最长、在建规模最大、唯一形成"四纵四横"高铁网络的国家。其中经典的高铁线路有：

（1）京沪高铁。京沪高速铁路，简称京沪高铁，又名京沪客运专线，作为京沪快速客运通道，是中国"四纵四横"客运专线网的其中"一纵"，也是中国《中长期铁路网规划》中投资规模大、技术水平高的一项工程。如图 2-59 所示。

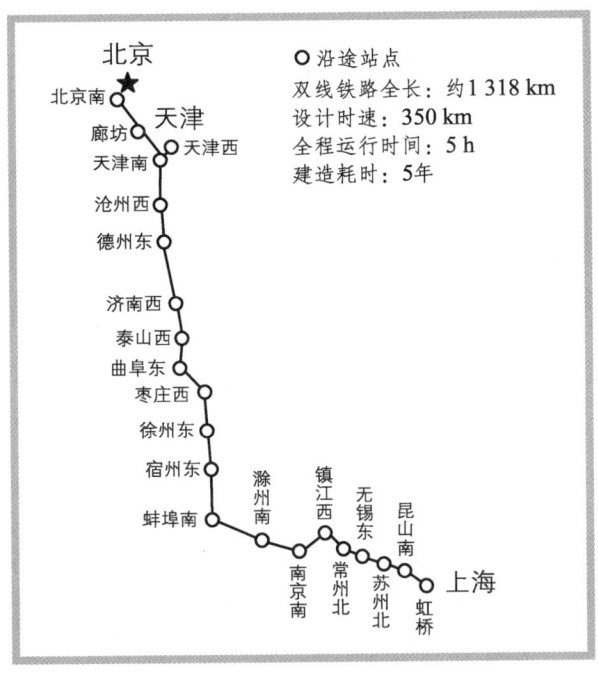

图 2-59 京沪高速铁路

京沪高速铁路，正线全长约 1 318 km，与既有京沪铁路的走向大体并行，全线为新建双线，设计速度目标值 380 km/h，目前最高运行速度为：和谐号按时速 300 km、复兴号按时速 350 km 运营。共设置 23 个客运车站。

（2）京广高铁。京广高速铁路（又称京广客运专线、京广客专、京广高铁）是中国运营中的高速客运专线之一，被誉为世界上运营里程最长的高速铁路，分京石段、石武段、武广段三段建设，由武广段、郑武段、京郑段等三段先后开通组成。如图2-60所示。

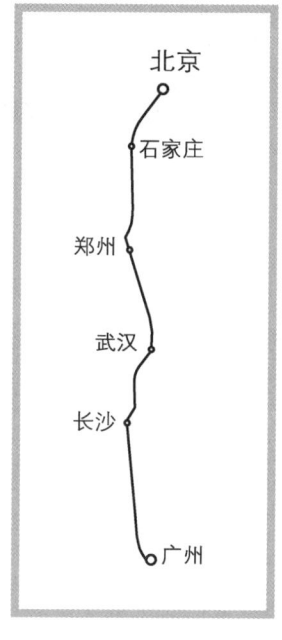

京广高速铁路是中国、世界最长的高速铁路，总长度约为2 240 km。始于北京西站，经过北京、河北、河南、湖北、湖南、广东六省市，止于广州南站，全长2 298 km，共36座车站，设计速度350 km/h，目前运营速度310 km/h左右。沿途设有北京西站、石家庄站、郑州东站、武汉站、长沙南站、广州南站等站点。

图2-60 京广高速铁路

（3）哈大高速铁路。哈大高速铁路是世界上第一条新建高寒高速铁路，2012年12月1日正式开通运营，全线纵贯东北三省，全长921 km，是国家《中长期铁路网规划》"四纵四横"客运专线网中京哈客运专线的重要组成部分。为了确保动车组列车运行安全，哈大高铁实施冬季和夏季两张列车运行图，分别按时速200 km和300 km两个速度等级开行动车组列车。如图2-61和图2-62所示。

高铁问答

图 2-61　铁岭辽河特大桥

哈大高速铁路北起黑龙江省哈尔滨市，南抵辽宁省大连市，线路纵贯东北三省，途径哈尔滨、长春、沈阳、大连等 4 个副省级城市和 6 个地级市及其所辖区县。全长 921 km，设计时速 350 km、营运时速 300 km，为双线电气化铁路。其中黑龙江省境内 81 km，吉林省境内 270 km，辽宁省境内 553 km，沿途共设 23 个车站。

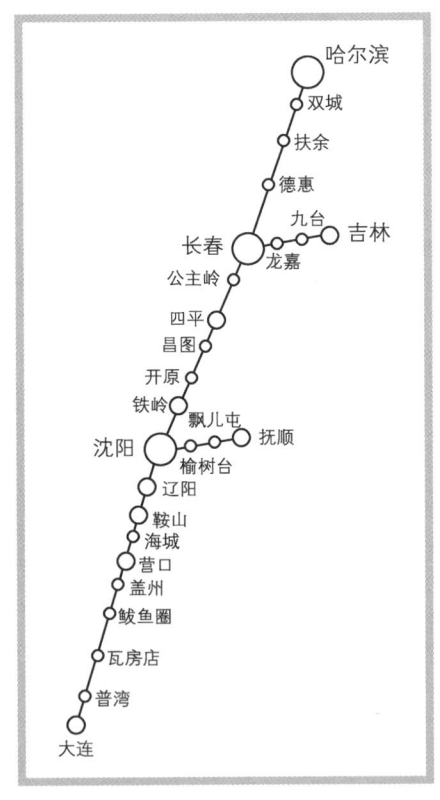

图 2-62　哈大高速铁路

2.3 轮轨高铁的技术性能

速度是人类永恒追求，没有最快只有更快。高速铁路作为一种运输方式，不断挑战速度极限。而高铁技术作为一种尖端技术，不同国家也不断追求着新技术。目前，日本、法国、德国、中国等国家分别拥有不同的高铁技术。因此，不同国家采用不同的高铁技术来构建自己的高速铁路。高速行驶的轮轨列车如图 2-63 所示。

图 2-63　高速行驶的轮轨列车

2.3.1　高速列车为什么能跑这么快？

高速铁路系统是一个复杂系统。高速列车能跑这么快离不开线路、动车组、列车运行控制系统等子系统相互耦合。有了高质量的列车、平直的线路、先进的控制系统，才能保证高速铁路的快速运行。

（1）良好的线路。由于钢轨热胀冷缩，所以高铁线路修路时按照季节来建设。在夏季，伸得最长的时候，把一根根的钢轨焊接起来，到了冬天冷缩的时候，就凭着钢材本身的抗拉强度，保持不变形。这样就消除了钢轨上数不尽的接口，车轮平稳地滚动，列车平稳前进。轮轨高铁线路如图 2-64 所示。

图 2-64　轮轨高铁线路

（2）高质量的列车。高速列车要采用大功率牵引动力，提供足够的牵引力，满足最大速度、加速性能和爬坡能力等宏观动力指标，又要满足列车安全、可靠、平稳运行的车体、转向架、制动、列车网络控制系统等微观指标。轮轨高速列车如图 2-65 所示。

图 2-65　轮轨高速列车

（3）先进的控制系统。高铁控制系统最主要的功能就是速度防护控制。在列车运行过程中，车载设备通过车载输入或调用存储信息获得列车制动特性，从地面设备获得线路信长度、坡度及各种限速信息，以及接收到运行许可命令，实时计算速度监控曲线以生成当前限制速度，实时监控列车的运行速度，并通过人机界面给出司机相应的指示。高铁控制系统如图 2-66 所示。

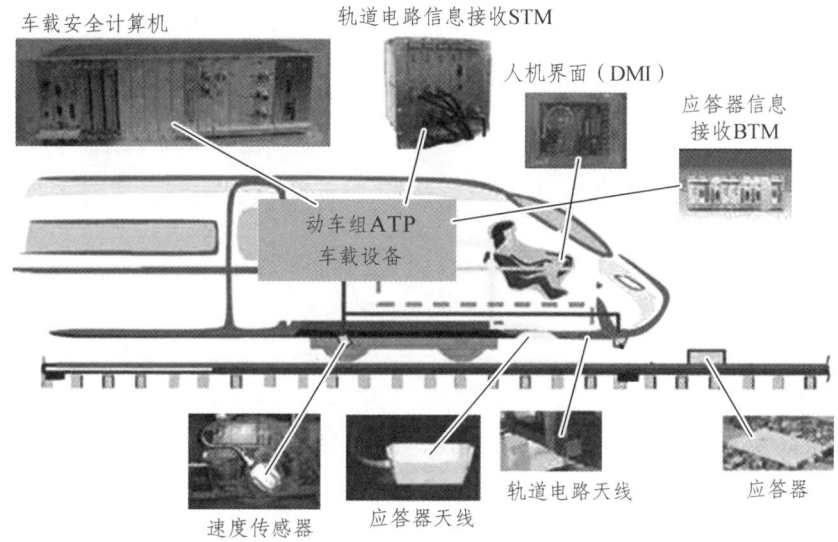

图 2-66 高铁控制系统

2.3.2 高速铁路动车组如何维修？

要保证高铁安全运营，提高高铁利用效率，必须要对高铁进行有效维修。

1. 综合维修"天窗"理论　"天窗"是指在铁路运行图内不铺画列车的运行线或减少列车的运行次数，作为铁路养护、施工预留的时间。

世界各国的高速铁路的设备综合维修作业都采用了在运行图中预留"天窗"的做法。由于综合维修的工作量大、项目多的特点，一般至少要求"天窗"持续时间在 3 h 到 5 h，才能保证大型综合维修机械的作业时间和作业的效率。

2. 中国高速列车的修程修制体系　按照计划预防维修作为主要原则，我国制定了动车组的一至五级修程。其中：一、二级维修属于运用维修、养护保养为主；三、四、五级维修属于高级别维修，目的是恢复基本的性能。如图 2-67 所示。

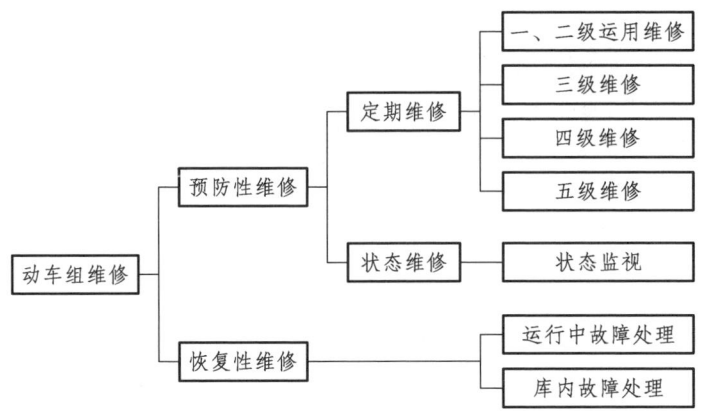

图 2-67　动车组的修程修制基本框架

中国高铁各级维修的主要内容：

（1）一级维修（普通维修）。一级维修主要是对关键部件的检查，包括制动、走行、受电弓等关键部件的全面检查，还包括厕所排污、清扫保洁等。一级维修的时间主要是在动车组夜间库停期内完成，这样提高了动车组的利用率。

（2）二级维修（专项维修）。二级维修是大维修工作包的概念，其中有很多小的维修工作包，每个小的工作包的检修周期和内容都不相同，将二级维修中的内容化整为零，分散而均衡地完成维修任务。二级维修主要有：空心车轴探伤、踏面修形、轴承润滑和齿轮箱换油等。

（3）三级维修（重要部件分解检修）。三级维修主要是针对转向架的分解检修和对各个重要系统进行状态检查和功能测试。

（4）四级维修（系统全面分解检修）。四级维修主要是对动车组内的各个系统和子系统全面地分解检修，主要内容包括转向架、受电弓和制动系统的分解检修及电机、电气性能测试和车内设施检修和装修等。

（5）五级维修（整车全面分解检修）。五级维修主要是对整车进行分解检修，较大范围的更换零部件，以及对整车进行现代化的升级，主要内容包括列车分解、检查、维修、全面清洗、车体重新油漆等。

动车组维修等级和周期见表 2-6。

表 2-6　动车组维修等级和周期表

维修等级	CRH1	CRH2	CRH3	CRH5
一级维修	4 000 km 或 48 h	4 000 km 或 48 h	4 000 km 或 48 h	5 000 km 或 48 h
二级维修	20 万~120 万千米 或 6~720 d	2 万千米或 30 d	2 万~120 万千米 或 10~360 d	6 万~120 万千米
三级维修	120 万千米	60 万千米或 1.5 年	120 万千米	120 万千米
四级维修	240 万千米	120 万千米或 3 年	240 万千米	240 万千米
五级维修	480 万千米	240 万千米或 6 年	480 万千米	480 万千米

2.3.3　高铁工作的动力哪里来？

高速列车通过受电弓与接触网滑动接触，获取从牵引变电所传输过来的电能，从而为列车提供动力。所以，轮轨高铁靠电能提供动力，但不同的运营速度，消耗电能不一样。有关资料表明，时速 350 km 的高铁每小时耗电 9 600 kW·h、时速 250 km 的高铁每小时耗电 4 800 kW·h。一趟时速 250 km 的高铁从北京到南京要花费 4 h，耗费近 2 万千瓦时电！如图 2-68 所示。

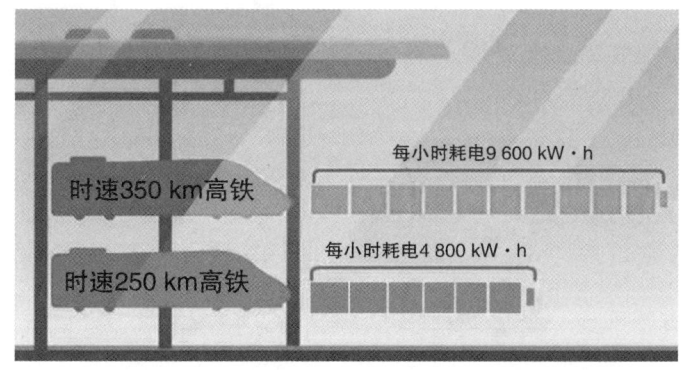

图 2-68　高铁不同速度下消耗的电能

（1）高铁的电从哪里来？电是从大电网里来。高铁是供电公司一类特殊的客户；普通居民供电由供电公司进行输电与配电。对于高铁而言，电厂发电后通过输电线路送到牵引变电站，再通过接触网将电供给铁路。动车组牵引供电系统一般包括：牵引变电所（站）、接触网、回流回路。如图 2-69 所示。

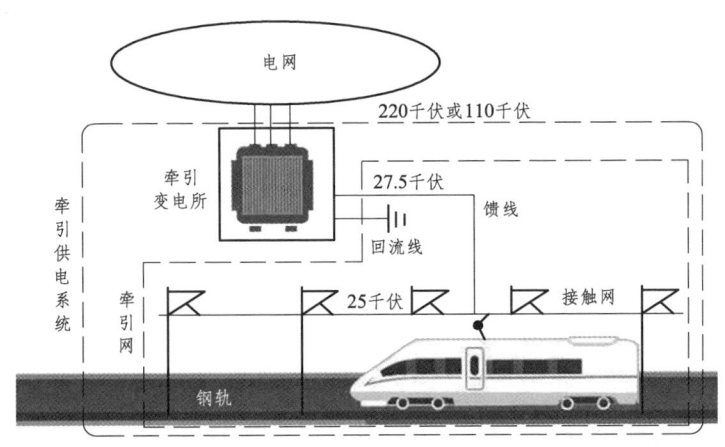

图 2-69　高速列车牵引供电示意图

（2）高铁用的电有什么不同呢？如果说不同的话，首先体现在电压上。高铁用的电压是电网供电序列中找不到的。其次，电网里的交流电是三相的，而高铁的电是单相的。如图 2-70 所示。

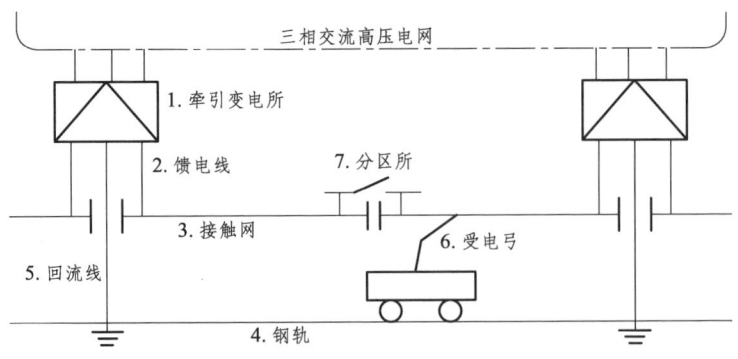

图 2-70　高速铁路列车牵引供电示意图

（3）高铁运行中，一直要供电吗？高铁、动车等在行进过程中，并不是一直都和电网相连，经常会通过一段无电区间（在牵引变电所和供电臂之间，叫作"电分相"），约 100 m。通过这段区域时，列车是没有电的，一般借助惯性滑过这段区间。由于这段区间非常短，所以坐火车时基本没什么感觉。

（4）高铁用电会对电网产生影响吗？因为我国采用工频（50 赫兹）单相 25（27.5）千伏电压对动车供电，而公用电网则是工频三相电。那么当电从牵引供电系统到公用电网之后，是不是会干扰正常公共用电呢？基本不会。因为从牵引供电系统最后回流到大电网的电依然是三相平衡的。

（5）高铁没电了，你该怎么办？动车组每辆车上也自带蓄电池，为列车启动时受电弓运行等提供电能，还可以作为高铁停电时安全和辅助电器系统的紧急备用电源。

2.3.4　高铁是如何精准定位到达乘客上车的站台的？

我国高铁线路如京沪高速铁路、京广高速铁路等采用 CTCS（Chinese Train Control System）3 级列控系统，其列车定位技术通过多种定位技术共同合作，并依托 GSM-R（Global System for Mobile Communications -Railway）通信平台保持车地对话，以实现其高效、可靠、精确列车定位的目的。CTCS3 各系统如图 2-71 所示。

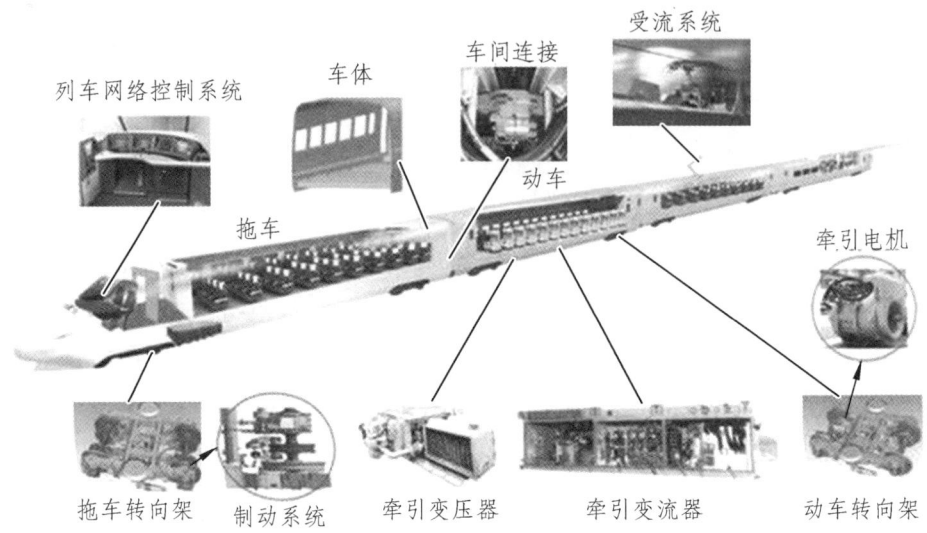

图 2-71 CTCS3 各系统

列车定位技术通过多种定位技术共同合作,并依托 GSM-R 通信平台保持车地对话,实现了高效、可靠、精确列车定位的目的,包括定位到乘客上车的站台。

2.3.5 在恶劣天气时,高铁是如何克服困难运行的?

为降低恶劣天气对高速铁路行车造成的不良影响,避免因天气恶劣造成的行车事故,高速铁路设置有专门的防灾监控系统。通过对现场风速、雨量、雪量、和地震等信息进行监测,基站监控单元接收现场采集点发送的实时监测数据信息,经过通信专用通信通道传送到路局数据中心,路局数据中心对监测信息的分析处理,对可能发生的危及列车安全运行的自然灾害进行报警、预警,保障列车的安全运行。高速铁路防灾监控系统如图 2-72 所示。

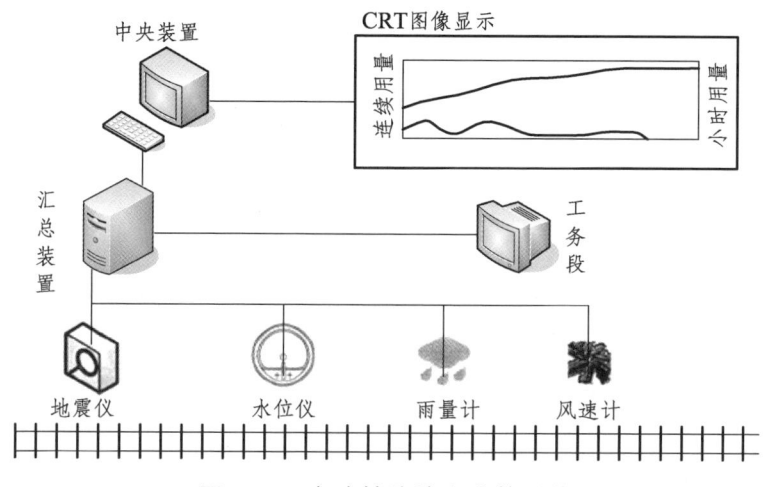

图 2-72 高速铁路防灾监控系统

1. **大风环境下的安全运行系统** 大风监测设备对铁路沿线的风速进行实时监测,因风速较大时会直接影响高速列车的受电弓从接触网正常取电,引起设备故障,严重时甚至会导致列车脱轨甚至倾覆。因此,当监测到风速过大时,针对不同风速对列车进行限速运行或者停止运行。具体见表 2-7。

表 2-7 大风预警及列车管制措施

大风告警级别	告警阈值	高速列车限速值
0	风速 ≤ 13.9 m/s	正常行驶,无限速
1	风速 > 13.9 m/s 且风速 ≤ 17.2 m/s	限速 250 km/h
2	风速 > 17.2 m/s 且风速 ≤ 20.8 m/s	限速 200 km/h
3	风速 > 20.8 m/s 且风速 ≤ 24.5 m/s	限速 120 km/h
4	风速 > 24.5 m/s	严禁动车组进入风区

2. **高铁的防灾安全监测系统** 防灾安全监测系统对监测点实时雪量进行监测,监测点积雪过大会严重影响到列车、铁路设备的正常运行,引起运输安全问题,降低运输效率,有必要对铁路沿线经常经受雪灾灾害的地方进行雪量监测(如积雪深度、降雪量、降雪强度)。设置报警门限,当监测内容超过报警门限时,系统向调度中心发出报警信息,提出

49

行车建议，保证列车行车安全。雪量预警及管制措施见表2-8。

表2-8 雪量预警及管制措施

轨面积雪深度	动车限速值
≥9 cm，≤17 cm	限速 245 km/h 以下
≥17 m，≤19 cm	限速 210 km/h 以下
≥19 cm，≤22 cm	限速 160 km/h 以下
≥22 cm，≤30 cm	限速 110 km/h 以下
≥30 cm	封锁，列车停运

高速铁路防灾安全监测系统通过对铁路沿线的风速、雨量、雪量等多个指标进行实时监控，以最大可能地保证高铁安全运行。即使在恶劣天气时，高铁也能克服困难正常运行。

2.4 轮轨高铁的服务质量

任何交通工具，没有好的服务，就很难获得大众的认可。所以，提高高铁的品质，"一流服务"是高铁的永恒追求。为了达到一流服务，高铁在人员培训、设施建设等方面都要进行有效管理。

2.4.1 高铁工作人员是如何选拔和培训的？

人是保证高铁安全的首要条件，所以在高铁工作人员选拔上，要实行高标准、高要求。图2-73为高铁工作人员。

1. 高铁工作人员的选拔机制　高速铁路技能人才的培养，逐步建立了一套以交通运输部为主导、铁路局广泛参与、符合中国铁路实际、适应高速铁路运营要求的高速铁路技能人才选拔培养机制。

（1）坚持择优选拔，严格岗位准入。交通运输部针对每一个工种都有国家职业标准。针对具体不同的岗位制定了岗位标准,对从业人员的身体条件、专业学历、技术等级、工作经历、专业知识与技能要求等方面,做出了明确的规定。

图 2-73　高铁工作人员

（2）坚持先进性、系统性、实用性原则。针对高速铁路技能人才所应具备的专业技术特征,在理论培训实施中,坚持按照 3 个原则进行课程方案设计。首先,坚持先进性原则,课程内容与生产技术发展相同步;其次,坚持系统性原则,课程组织注重知识结构的系统性、完整性;最后,坚持实用性原则,突出与岗位作业密切相关的关键知识点。

2. 高铁工作人员的选拔模式　高铁工作人员的选拔模式有三种形式:校企合作模式、厂企合作模式和自主培训模式。

（1）校企合作模式。在高速铁路技能人才专业培养中,注重利用高等院校及职业院校的专业优势,由交通运输部统一组织,将部分技术密集型的岗位作业人员送到院校接受系统的专业理论培训,取得了较好的效果。如图 2-74 所示。

高铁问答

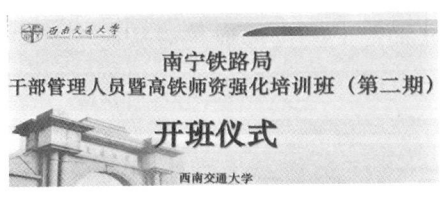

图 2-74　校企合作选拔培训

（2）厂企合作模式。利用设备厂家的技术优势及设备优势开展委托培养，是高速铁路技能人才专业培训的重要方式。如 CRH2 型动车组机械师在中国南车集团四方客车股份公司培训中心进行培训。如图 2-75 所示。

图 2-75　厂企合作模式

（3）自主培训模式。高铁的线路、桥梁、通信、信号、接触网、变配电等基础设施维护人员，以及客运作业人员理论培训主要由铁路局自主进行，使培训工作更具有实用性和操作性。如图 2-76 所示。

图 2-76　机务安全工作人员培训

3. 高速铁路职工培训制度有哪些？　为了全面开展高速铁路专业技术人才队伍的素质培养，铁路部门先后建立了高速铁路技术培训中心、铁路继续教育高新技术基地、高速铁路事故救援培训中心等，满足不同专业、不同岗位的人员培训需求，形成了具有中国特色的三级高速铁路培训教育体系。图 2-77 所示为高铁驾驶舱模拟室。

图 2-77　高铁驾驶舱模拟室

4. 高速铁路岗位培训标准有哪些？　人才是实现高铁运营安全的重要保证，为加强高铁人才队伍建设，强化高铁人才岗位准入和培训工作，除《铁路技术管理规程》和《动车组司机》《动车组机械师》等 67 种国家职业标准和规范外，还制定了一系列高铁岗位标准和培训规范。图 2-78 为高铁列车员。

图 2-78　高铁列车员

高铁问答

2.4.2 高铁的服务设施设备有哪些？

动车组列车服务设备设施较多，比较人性化设计。轮轨高铁主要的服务设施有：车内电气、供水、通风、取暖、空调、座席、车窗、车门、行李架、旅客信息服务系统等设施。图2-79所示为中国CRH高铁列车。

图 2-79　中国 CRH 高铁列车

（1）高铁的座席。高铁的座席有三类：商务座、一等座和二等座。如图 2-80～2-82 所示。

图 2-80　高铁商务座

图 2-80 中，高铁的商务座每排座椅为"2+1"布置形式，即一排三座。

54

图 2-81　高铁一等座

图 2-81 中，高铁的一等座车内每排座椅为"2+2"布置形式，即一排四座。

图 2-82　高铁二等座

图 2-82 中，高铁的二等座车内每排座椅为"3+2"布置形式，即一排五座。

（2）高铁的车门。高铁的车门，有的是双门，有的是单门。车门尺寸：一般单门为高 1.85 m × 宽 0.73 m，可容一个人通过，两人的话得侧身才能进了；一般双门为高 1.85 m × 宽 1.08 m（一个车门），可以容两人同时通过。高铁车门如图 2-83 所示。

55

高铁问答

图 2-83　高铁车门

（3）高铁的卫生间。高铁在每节车厢的末尾都有厕所。每节车厢口处都会有显示屏，显示屏上人形标识。当时绿色的时候表示没人，红色的时候表示有人。如图 2-84、2-85 所示。

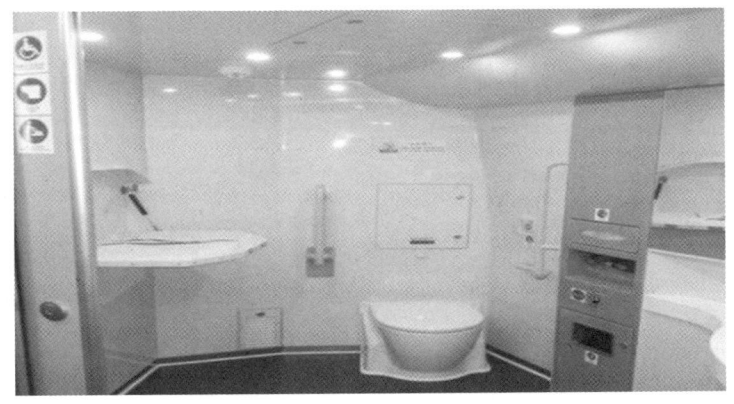

图 2-84　高铁普通卫生间

高铁卫生间使用方法：首先进入卫生间有门的开关，红色箭头为关，进去卫生间先关上，如厕完在向绿色方向钮。其次是洗手液体挤压，要按铁环，而不是通常洗手液盒的按压，一按就能出洗手液。还有一点最重要的是水龙头的感应，高铁卫生间的感应在水龙头下，应该靠近该感应装置才能出水，否则会以为没有水而抱怨。

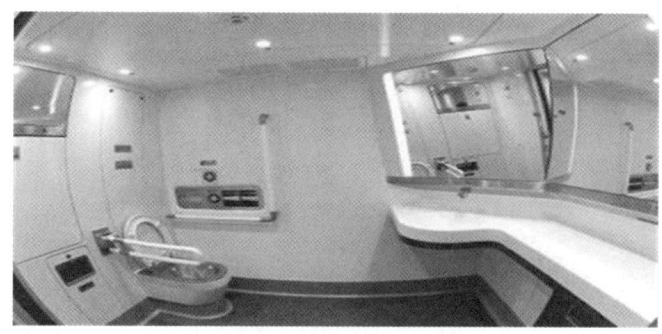

图 2-85 高铁残疾人卫生间

残疾人及母婴室卫生间面积比较大,是普通高铁卫生间的两倍,残疾人使用有把手,同一般无障碍厕所无两样,母婴室功能是有个折叠的踏板,只要打开就可以使用,如有不明白可以找乘务员。

(4)高铁卫生间的 SOS。高铁卫生间 SOS 按钮,当旅客在卫生间(包括残疾人专用卫生间)内发生突发情况时,可以按下 SOS 按钮求救。如图 2-86 所示。

图 2-86 高铁卫生间 SOS 按钮

2.4.3 你对铁路客票系统真的了解吗?

高铁客票系统是中国铁路客票发售和预订系统的简称,主要由旅客服务、市场营销、营运管理和支撑平台等四个部分组成,其中面向旅客售票、补票、检票和验票服务的部分包括车站票务子系统、互联网购票子系统、电话订票子系统、手机订票子系统、列车票务子系统、卡务子系统和电子支付前置子系统等服务子系统。如图2-87、2-88所示。

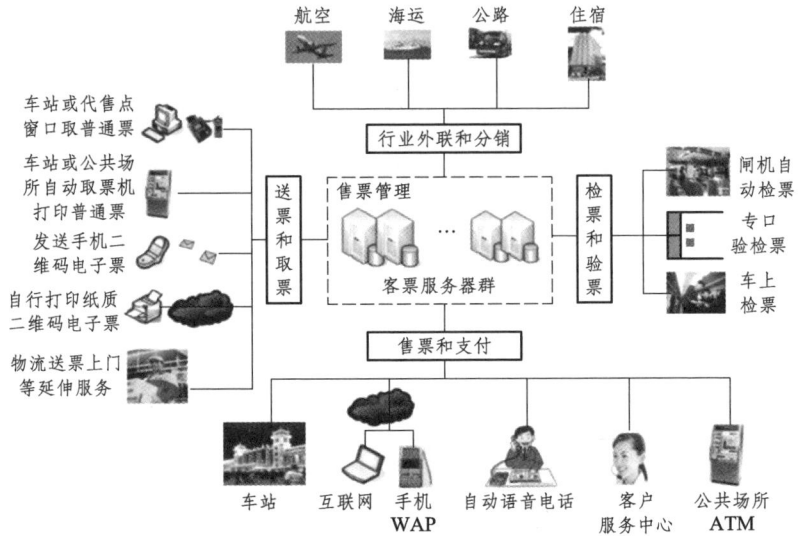

图2-87 高铁新一代客票系统功能架构

图2-88 高铁手机客户端

（1）订票方式一：网上订票。网址：http://www.12306.cn。先要注册，后买票。直接登录12306网站或使用12306手机客户端购票，不要通过第三方代购网站和手机客户端购票，避免因代购方冒用他人信息导致无法在网上办理退票、改签，影响出行。

（2）订票方式二：电话订票。电话：（当地区号）+12306。

（3）订票方式三：现场订票。附近的火车站，直接人工购票，或到车站自动售票机买票。

（4）订票方式四：微信订票。12306网站将新增微信通知方式，选择微信通知后，购票、退票及改签等通知信息将通过"铁路12306"微信公众号发送，列车运行调整和手机号码核验仍通过短信发送。

2.4.4 如何更好地进行高铁换乘？

中国的铁路运行线路简单分为普通铁路、高速铁路，要基本熟悉铁路的整体布局、基本类型等，才能进行有效换乘。例如，我国"四横四纵"的高速铁路网络，就需要知道有哪些主要高铁干线以及途经的主要交通枢纽城市，这样才好畅快出行。如图2-89所示。

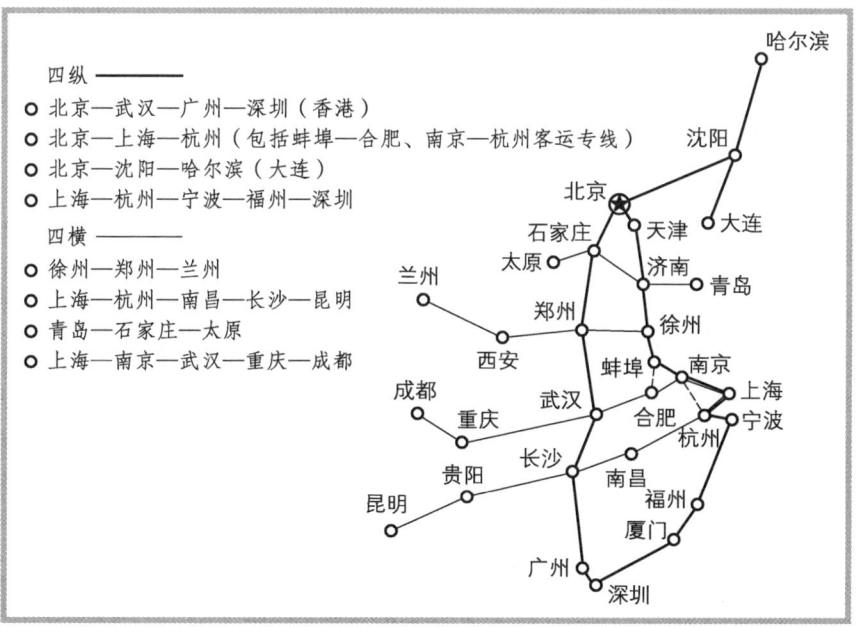

图 2-89　中国高铁网络模式

高铁问答

（1）合理选择铁路枢纽。换乘车站一定是多条铁路交汇的地方，交通情况较为复杂，不同类型的火车穿行而过，因此，一定要掌握中国主要的铁路枢纽中心。例如，我国综合排名前十的铁路枢纽中心重庆、兰州、广州、北京、沈阳、武汉、哈尔滨、郑州、上海、天津等站点。如图2-90、2-91所示。

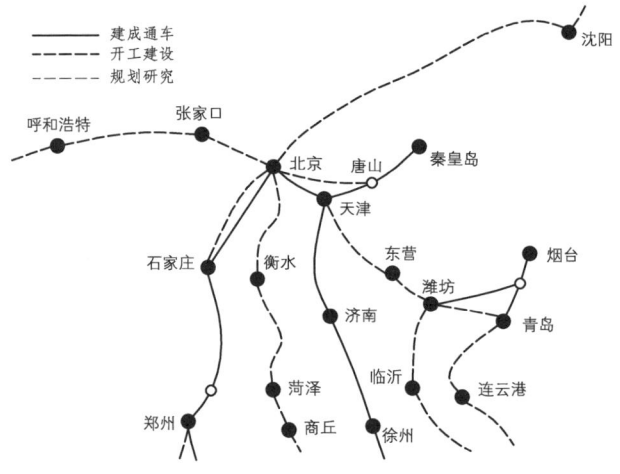

图2-90 北京"米"字型高铁网

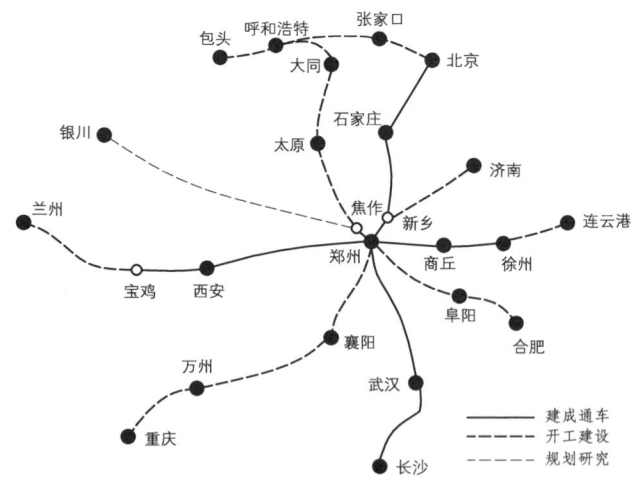

图2-91 郑州"米"字型高铁网

（2）合理选择火车类型。现在的社会生活节奏越来越快，效率大于一切，乘坐火车时，效率应该放在第一位，其次考虑乘车时间、费用等方面的因素。要想尽快到达目的地，首选动车、高铁或者城际列车作为出行工具，这样大大节约路途时间。图2-92所示为"复兴号"CR400AF动车组。

图2-92 "复兴号"CR400AF动车组

（3）合理规划换乘时间。一般选择高铁或动车作为出行工具时，基本不需要考虑中转换乘时间，因为这些列车的发车时间间隔基本都在1小时左右。但是，在普通列车之间换乘时，因为很多普通列车一天只会有一班列车开出，且发车时间固定，必须提前规划，以避免较长的换乘等待时间，这是你畅快出行、有效换乘必备的个人能力。

图2-93所示为中国高铁2020年网络示意图。

高铁问答

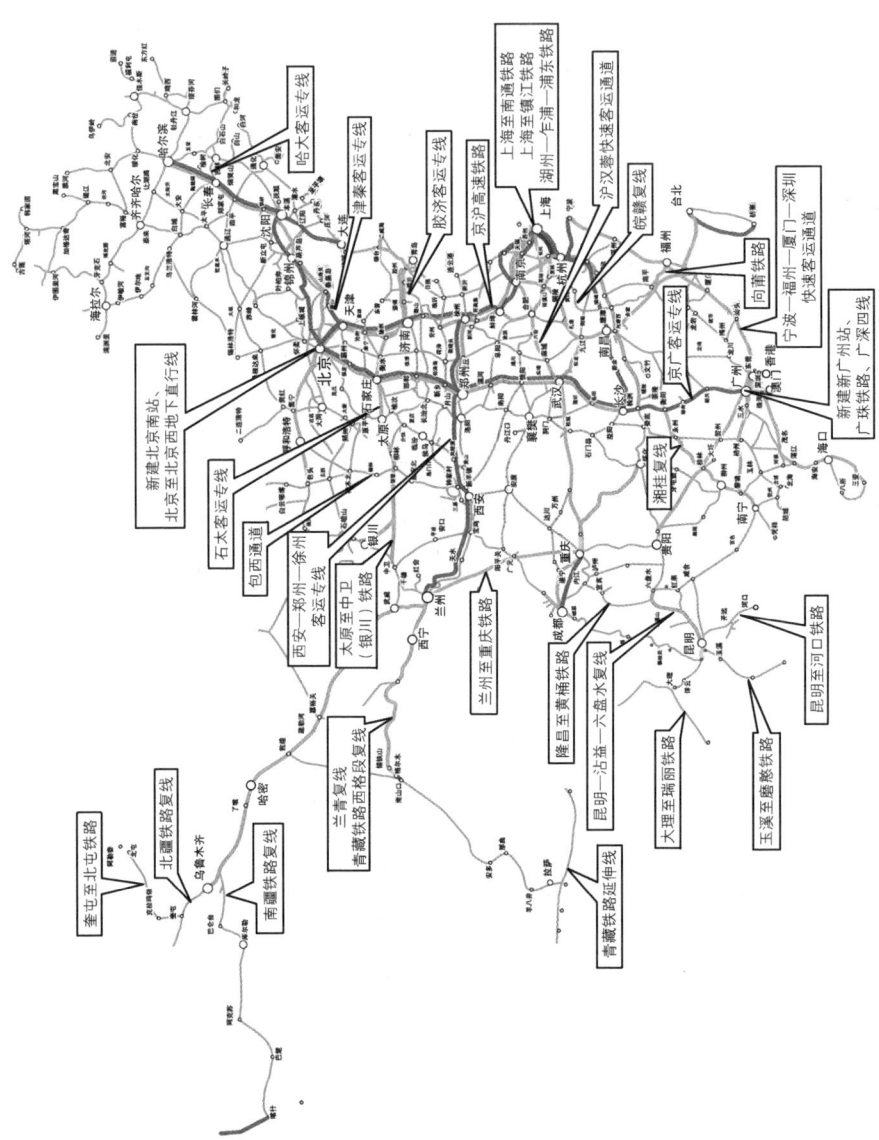

图 2-93 中国高铁 2020 年网络示意图

（4）买票方式以网上订票为主。现在网络订票模式已经深入人心，乘车之前最好预定好火车票，尽量避免在售票厅购买火车票。如图2-94所示。

图2-94　12306网上购票

2.4.5　列车上如何购买快餐？

2015年1月1日《铁路旅客运输服务质量规范》中9.1.7条：餐车供应品种多样，有高、中、低不同价位的预包装饮用水、盒饭等旅行饮食品，2元预包装饮用水和15元盒饭不断供。尊重外籍旅客和少数民族的饮食习惯。盒饭以冷链为主，热链为辅，常温链仅做应急备用，有清真餐食。高铁餐饮如图2-95所示。

（1）方式一，网上订餐。高铁上可以网上订餐：www.12306.cn。
（2）方式二，电话订餐。高铁上可以电话订餐：12306。

图2-95　高铁餐饮

高铁问答

在高速动车组上向旅客提供航空式的配餐服务,车上配售的饭菜由地面的动车配餐基地(动车配餐中心)加工制作并且负责向车上配送。饭菜配售形式有正餐和快餐,品种丰富、荤素搭配、美味可口、安全卫生,可供旅客选用。

2.5 轮轨高铁的安全态势

"速度诚可贵,载重价更高,若有安全故,二者皆可抛"。任何交通工具,"安全"是首要任务,没有了安全,一切都归零。高铁也一样,安全是核心。为了保证安全,我国颁布了《中华人民共和国铁路法》和《铁路运输安全保护条例》等法律法规,来保证高铁安全。

《中华人民共和国铁路法》由中华人民共和国第七届全国人民代表大会常务委员会颁布,自1991年5月1日起施行。制定本法的目的是保障铁路运输和铁路建设的顺利进行。主要内容包括:总则、铁路运输营业、铁路建设、铁路安全与保护、法律责任和附则等六部分。

2.5.1 《铁路运输安全保护条例》要熟记哪些内容?

《铁路运输安全保护条例》由中华人民共和国国务院颁布,自2005年4月1日起施行。目的是加强铁路运输安全管理。保障铁路运输安全和畅通,保护人身安全、财产安全及其他合法权益。

对于乘客,为了保证高铁安全运行,一定要记住:

(1)禁止旅客在动车上吸烟。
(2)临时停车时严禁攀爬车顶。
(3)禁止拉紧急制动阀。
(4)不乱动应急锤,灭火器。
(5)严禁钻护栏,跨越线路。
(6)不向铁路列车抛掷物品。

2.5.2 如何杜绝高铁中的隐性危害？

为了杜绝高铁中的隐性危害、保证安全，《铁路运输安全保护条例》也提出了相关规定。主要有：

（1）闲杂人员禁止进入铁路线。高铁开通后，已发生多起闲杂人员通过攀爬、损毁、钻越总高达 2.7 m 高铁防护网，进入高铁运行区内。这样的行为是危险的，也是违法的，高速运行的动车制动距离很长，动车时速在 300 km 时，紧急制动距离限值为 3 800 m，违反进入高铁运行区既无法保证自身安全，还对动车设备和旅客人身安全造成极大威胁。

（2）禁止破坏高铁两侧生态环境。高铁开通后来，已发生过多起沿线村民烧荒、焚烧垃圾影响铁路设备安全的事件。时速 120 km 以上的线路上，还发生过开挖铁路两侧山体导致爆发泥石流掩埋线路；在铁路桥下的沉降域内，填埋湿地或堆放弃土，导致铁路桥桥墩偏移等事件。铁路设备与周边生态环境是一体的，很多行为没有直接触及铁路设施，但间接影响行车安全。

（3）禁止在铁路安全保护区内违法施工。在高铁安全保护区内，任何企业不得擅自进行上跨和下穿作业。时速 120 km 以上的线路上，昆明曾发生过部分企业在铁路安全保护区内，进行上跨或下穿施工时，未经相应铁路局同意并进行施工监护，造成施工中挖断铁路通信电缆、施工机具挂断供电接触网等安全事故。

（4）禁止在高铁安全保护区放风筝、孔明灯及飞行器等漂浮物体或向供电接触网抛掷物品。高铁开通后，已先后发生多起沿线塑料薄膜、垃圾等轻飘物被吹入封闭区内，挂在高铁接触网上的事件，严重影响动车运行安全，这就需要对高铁周边环境进行排查和整治。

2.5.3 你听说过高铁的"安全进化论"吗？

从日本新干线降低进隧道时产生的巨大噪声，到德国改良车轮设计和位置,高铁就是在一次次地发现问题、分析问题、解决问题中,一步步变得更安全和更可靠。

1. 日本高铁的"安全进化论" 新干线早期存在的问题——进入隧道有强噪声和压力。

当1964年日本建造第一部日本新干线子弹列车的时候,它能够以120 km/h快速行驶。但这有一个恼人的副作用:每当列车高速行驶于隧道时,会产生轰隆隆的声音,乘客抱怨他们似乎感觉到列车要挤在一块了。

(1)改良办法一:翠鸟喙有减噪功能。日本的中津英治(Eiji Nakatsu)发现列车会在进入隧道的时候,挤压列车前头的空气形成一道风墙。当这道墙破裂挤向隧道外面的空气时,这冲击造成很大的声音,并对列车形成巨大的压力。为了取得更多灵感,中津英治转向研究翠鸟(鱼狗)。如图2-96所示。

图2-96 翠 鸟

栖息在湖面或河面树枝上的翠鸟会潜入水面捕鱼。它的喙就像刀子一般锐利地划过空气,贯穿入水时几乎不激起任何涟漪。中津英治试验了不同的列车车头形状,他发现目前为止像翠鸟喙形状的最好。今日日本的高速列车长长的,像鸟喙一样的车头,帮助列车安静地快速驶离隧道。事实上,这样的设计让列车相较于之前的设计速度快了10%,也节省了15%的燃料。如图2-97所示。

图 2-97　翠鸟的灵感设计

（2）改良办法二：猫头鹰绒毛有降噪功能。研究高铁降噪的工程师还发现了在鸟类世界，猫头鹰无声飞行的秘密。猫头鹰的翅膀虽然宽大，但它们的羽毛却非常蓬松、柔软，上面还布满了细小的如天鹅绒般密生的羽绒。另外，它们的翅膀尖部还长有一层呈锯齿状的羽毛，这些特殊的构造可以减小猫头鹰飞行时与空气之间产生的摩擦，使它们能够来去无声。如图 2-98 所示。

猫头鹰羽毛的力学特性，对于降噪的贡献较为复杂，可能兼具消声降噪和吸声降噪的效果。覆盖在猫头鹰翅膀和腿上的绒羽能吸收剩余的频率在 2 000 Hz 以上的声音，于是高铁与上方电线连接的装置便采用这种锯齿状结构。如图 2-99 所示。

图 2-98　猫头鹰

高铁问答

图 2-99　猫头鹰的灵感设计

2. 德国的"安全进化论"　1998 年德国发生埃舍德事故——车轮爆裂。

1998 年 6 月 3 日德国发生了"埃舍德"高铁事故。这场灾难导致了 101 人丧生,是世界高铁发展史上迄今为止唯一因列车自身问题导致重大人员伤亡的事故。如图 2-100 所示。

图 2-100　德国的"埃舍德"高铁事故

德国高铁事故调查结果表明,"埃舍德"事故是由一系列原因导致的。其导火索是列车第二节车厢的双层金属车轮表面因疲劳出现裂纹,导致行驶过程中断裂。

（1）改良办法一：改用整钢切割的单壳车轮，并改放车轮位置。裂缝导致了列车车轮的爆裂。在"埃舍德"事故后，高铁工程师们已将那种箍着钢条的双壳钢轮彻底摒弃，转而采用整块钢材切割而成的单壳钢轮。这样的改变能减少钢轮的磨损，从而让高铁变得更加安全。

（2）改良办法二：重视车轮损耗的检测，从设备到手段都有提高。当时的德国普遍缺乏包括金属疲劳在内的车轮真实损耗的探测专业设备。从此以后，欧洲放缓了高铁建设的速度，各种先进探伤装备得到了广泛应用。

总之，技术在不断改进，高铁的安全也在不断提高。从时速 200 km 上升至 300 km 以上，高铁的速度看似只增加了 100 km，但实际上用以支持列车加速的技术却已经成倍升级。图 2-101 为加速中的高铁。

图 2-101　加速中的高铁

2.5.4　如何使用高铁中的防火设备？

高速列车内的设施和内部装饰采用了防火设计，全部使用防火阻燃材料。餐车一律使用电加热设备做饭，采用电茶炉为旅客提供饮用开水。车厢内安装有烟雾探测器系统和火灾报警装置，全列车禁止明火，禁止吸烟。列车上配备了灭火器。在车厢顶端墙板内还设有防火隔断门，用于隔离发生火灾的车厢。高铁紧急停车按钮如图 2-102 所示。

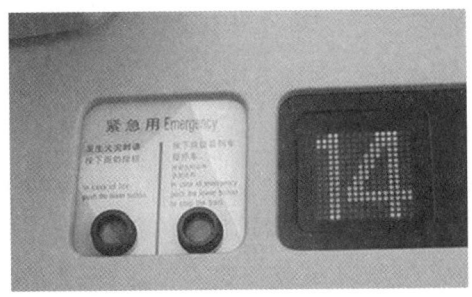

图 2-102　高铁紧急停车按钮

即使如此，若车内仍旧发生火灾，那么乘务人员应及时按下车厢内的火灾报警按钮，及时通知司机，司机确认险情后实施紧急制动；与此同时，旅客和乘务人员车内灭火器进行灭火扑救，并及时组织旅客有序疏散，将着火车厢内的旅客向前后车厢疏散完毕后，及时关闭防火隔断门，以防止火灾蔓延到其他车厢。

2.5.5　高铁上的应急救援系统

"天灾人祸"，人祸可以避免，但天灾无法避免，只能预防。所以，高铁上有许多应急救援系统，以保证大家安全。特别是突发事件发生时，应急救援更为关键。图 2-103 所示为运行中的"复兴号"。

图 2-103　运行中的"复兴号"

（1）高速铁路应急救援体系是怎样的？高速铁路应急管理体系是我国铁路应急体系的重要组成部分，铁路部门依托安全技术和现代信息技术，建立了三级应急救援体系，明确各级应急管理职责，形成了比较完善的铁路应急管理和救援指挥体系。同时还与地方政府、部队、医疗、消防、公安、相关企业等建立了应急救援联动机制，共同构建人员救助网络。

（2）高速铁路应急预案包括哪些内容？对于高速铁路，制订了动车组列车突发事件旅客疏散办法、动车组列车火灾火情事故应急处置办法、动车组列车空调失效应急处置办法、动车组脱轨事故救援起复办法、工务设备故障应急处置办法、接触网事故抢修办法、电力故障抢修办法、电务设备应急抢修办法等。

（3）发生设备故障或紧急事件时如何组织救援？高速列车发生设备故障或紧急事件时，应及时启动高速铁路应急预案。列车司机立即停车，采取紧急处置措施，对无法处置的，立即报告临近车站、列车调度员进行处置。事故造成行车中断的，立即组织抢修，尽快恢复列车正常运行。造成人员伤亡的或需要紧急转移的，通过疏散通道迅速组织救援，疏散旅客、抢救伤员。如图 2-104 所示。

图 2-104　故障模拟和应急救援演练

2.5.6 高铁上还有哪些救命规则?

(1)紧急逃生窗。每节车厢中有 4 个紧急逃生窗,分别在车厢的前后两边,窗户上部中间位置有一个大红点的,在每扇紧急逃生窗的旁边配备了一把安全锤。如果车厢内发生了火灾,可以将安全锤的铅封拔下,取下安全锤,用力敲击紧急逃生窗红色圆圈提示位置。紧急逃生窗的玻璃有特殊涂料,可以避免敲碎的时候四处溅射和尖角伤人,而且只会向车厢外侧方向倾倒碎裂。如图 2-105 所示。

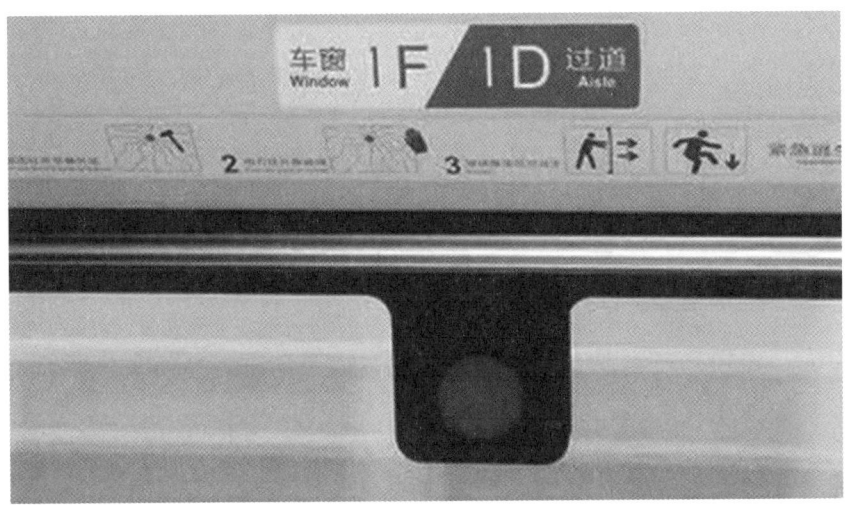

图 2-105 高铁紧急逃生窗

(2)紧急制动按钮。列车在每一节车厢设置有紧急制动装置,但该装置不是由普通旅客操作的,该装置是发生突发性火灾、事故、险情的情况下,在列车全列制动失效。铁路部门规定,列车行驶中,在一般情况下只有列车长、乘警、检车乘务员等才有权使用紧急制动阀。如图 2-106 所示。

图 2-106　高铁紧急制动按钮

（3）火灾报警按钮。在发生火灾的紧急情况下，按下按钮，司机室和乘务员室的显示屏会立刻显示报警信息，且蜂鸣器报警，响彻整节车厢。提醒各位旅客，火灾报警按钮不可以随便按下，一定要在发生火灾险情时才可以按下，不要因为好奇去触碰。如图 2-107 所示。

图 2-107　高铁火灾报警按钮

（4）安全渡板。如果列车发生了故障，相邻线路上一辆转移旅客的列车正驶来，等到调度列车在轨道上停稳后，两列列车车门对应好了之后，车门开启。因为车门离地面还有很高的一段距离，这时候安全渡板就派上了用场，乘务人员会将安全渡板搭在两列列车的车门处，像是在

 高铁问答

两辆列车之间搭了一座桥梁。如图 2-108 所示。

图 2-108　高铁安全渡板

（5）防火隔断门。在列车上，还有一道门，平时它隐藏在每节车厢前后的出入口，列车一旦发生火灾，可手动操作门板侧面拉手把隔断门拉出，将相邻的两节车厢隔断。防火隔断门可以抵御火苗 10～15 min，防火隔断门可以有效避免浓烟蔓延到其他车厢，给旅客逃生留出宝贵的时间，也能集中区域扑灭火苗。如图 2-109 所示。

图 2-109　高铁防火隔断门

（6）灭火器。列车的每节车厢都配备灭火器，有水基型灭火器和干粉灭火器两种。水基型灭火器适用于扑救易燃固体或非水溶性液体的初起火灾，不可扑救带电设备火灾。干粉灭火器可扑灭一般火灾，还可以用于扑救石油、有机溶剂等易燃液体、可燃气体和电气设备的初期火灾。如图 2-110 所示。

图 2-110　高铁上的灭火器

轮轨高铁的"公交化"，让"说走就走"从理想变为了现实，满足了公众"任性出行"。但轮轨高铁是一个复杂系统，公众想知道的内容还有许多，但时间和精力有限，我们只能回答这么多问题。

3 磁悬浮高铁

磁悬浮高铁（Maglev Railway）主要由悬浮系统、推进系统和导向系统等三大部分组成。尽管可以使用与磁力无关的推进系统，但在目前的绝大部分设计中，这三部分的功能均由磁力来完成。如图3-1所示。

图3-1 磁悬浮高铁

磁悬浮列车和超导技术联系紧密。处在超导状态的物质，具有完全导电性和安全抗磁性。超导体的完全抗磁性，会对磁铁产生向上的斥力，磁铁于是便会悬空飘浮。所以，磁悬浮列车是一种靠磁悬浮力（即磁的吸力和斥力）来推动的列车。其轨道的磁力使之悬浮在空中，行走时不同于其他列车需要接触地面，因此只受来自空气的阻力。磁悬浮列车的速度可达每小时400 km以上，比轮轨高速列车的380 km/h还要快。

1. 磁悬浮技术是怎么诞生的？1842年，英国物理学家Earnshaw就提出了磁悬浮的概念，利用磁力使物体处于无接触悬浮状态，单靠永久磁铁不能将一个铁磁体保持在自由稳定的悬浮状态，应当采用可控电磁铁。这一思想成为之后开展的磁悬浮列车和电磁轴承研究的主导思想。

2. 磁悬浮技术的发展怎么样？1922年，德国工程师赫尔曼·肯佩尔（Hermann Kemper）提出了电磁浮原理，他认为既然列车最大的阻力来自于与列车车轮与轮轨的摩擦，那么如果列车能够悬浮于轨道之上，不就跑得更快了吗？他在1937年申请了磁悬浮列车的专利。随着技术的发展，特别是固体电子学的出现，使原来十分庞大的控制设备变得十分轻巧，这就给磁悬浮列车技术提供了实现的可能。

3. 磁悬浮列车是怎么诞生的？1966年，美国科学家詹姆斯·鲍威尔和戈登·丹比提出了第一个具有实用性质的磁悬浮运输系统。1969年，德国牵引机车公司的马法伊研制出小型磁悬浮列车系统模型，以后命名为TR01型，该车在1 km轨道上时速达165 km，这是磁悬浮列车发展的第一个里程碑。在20世纪70年代，磁悬浮列车系统继续在德国蒂森亨舍尔进行测试和实施运行，这套磁悬浮系统被命名为"磁悬浮"。

3.1 磁悬浮列车的基本原理

磁悬浮列车就是将超导磁体安装在列车底部，轨道则铺设连续的良导体薄板。电流从超导体中流过时，产生磁场，形成向上的推力，当推力与车辆重力平衡时，车辆就可悬浮在轨道上方。悬浮的车体与轨道间没有机械接触和摩擦，所以运行时无震动、无污染，也不会脱轨，而且行车速度也可大大提高。

1. 磁悬浮的基本原理　磁悬浮的基本原理就是利用"同性相斥、异性相吸"的电磁原理，让磁铁对抗地心引力，让车辆悬浮起来，然后利用电磁力引导，推动列车前行。磁铁使车体完全脱离轨道，腾空行驶，创造了近乎"零高度"空间飞行的奇迹。

2. 磁悬浮的基本类型 磁悬浮列车能抵抗地球引力，悬浮于轨道上，根据工作原理不同，可以分为常导电磁吸引式悬浮和超导推斥型悬浮。

（1）常导电磁吸引式悬浮。常导电磁吸引式悬浮是电磁力主动控制悬浮，由车上常导电流产生的电磁吸引力，吸引轨道下方的导磁体，使列车浮起，再由直线电动机驱动前进。常导磁悬浮以德国为代表。如上海浦东机场线采用德国常导磁悬浮技术，如图 3-2 所示。

上海磁悬浮系统
类型：常导磁吸型
运行时间：2002 年
全长：29.8 km
运行速度：430 km/h

图 3-2　上海浦东磁悬浮系统

常导磁悬浮的优势是技术简单，劣势是产生的电磁吸引力较小，列车与轨道之间的缝隙一般为 8～10 mm。常导型高速磁悬浮列车的时速可达 400～500 km。

（2）超导推斥型磁悬浮。超导推斥型磁悬浮是利用同性磁极之间相互排斥的原理来实现车辆悬浮的，其原理是在磁悬浮列车的车体上安装超导线圈或永磁，而在轨道上分布有按一定规则排列的 8 字形线圈，当列车以一定速度前进时，超导线圈产生的强磁场就在轨道的 8 字形线圈内产生感应电流，感应电流进而产生强大电磁场，在 8 字形下半环中形成推斥磁场——上半环中形成吸引磁场，使列车悬浮。超导磁悬浮列车系统以日本为代表。日本山梨线的磁悬浮系统如图 3-3 所示。

· 3 磁悬浮高铁 ·

日本山梨磁悬浮系统
全长：42.8 km
开设时间：1997 年
实验速度：600 km/h
　　　　　以上

图 3-3 日本山梨线的磁悬浮系统

超导磁悬浮的优点是悬浮力大，列车运行速度快，可以实现时速 500 km 以上运行，缺点是技术复杂，需要屏蔽发散的电磁场。

3.2 磁悬浮列车的技术特性有哪些？

磁悬浮列车是在轨道上行驶的，导轨与机车之间不存在任何实际的接触，成为"无轮"状态，故其几乎没有轮、轨之间的摩擦，时速高达几百千米；磁悬浮列车可靠性大、维修简便、成本低，其能源消耗仅是汽车的一半、飞机的四分之一；噪声小，当磁悬浮列车时速达 300 km 以上时，噪声只有 65 dB，仅相当于一个人大声地说话，比汽车驶过的声音还小；由于它以电为动力，在轨道沿线不会排放废气，无污染，是一种名副其实的绿色交通工具。

（1）噪声低。磁悬浮列车没有轮子，在运行中与轨道没有机械接触，不会产生机械摩擦的声音；列车的加速电机不是在车上，而是在路轨上，通过电磁流的强弱来控制，人们不会听到加速的噪声。只有在时速 200 km 以上时，才会产生与气流摩擦的噪声。在时速 400 km 时，距列车 50 m 处的噪声为 61 dB，等于德国高速火车时速 300 km、法国高速火车时速 250 km 的噪声。

（2）快捷性好。磁悬浮列车的最高时速可达 500 km 以上。而现代高速火车的运营时速只是 300 km 左右，因为再快的话，无论从经济角度（磨损太大）和环保角度（噪声太高）看，都面临很难逾越的障碍。磁悬浮列车从"0"提速到"300" km/h 只要 2 min 和 5 km 长的"跑道"，而高速列车需要 8 min 和 30 km 长的"跑道"。

（3）安全性高。磁悬浮列车更有其独到之处。车厢的下端像伸出了两排弯曲的胳膊，将"T"字型的路轨紧紧抱住。这样，首先排除了出轨的可能。列车运行的动力来自固定在"T"型路轨两侧的电磁流。在同一区域内，电磁流强度相同，不可能出现几辆列车速度不同，甚至逆向而动的现象。这样又排除了列车追尾或相撞的可能。

（4）可靠性高。磁悬浮列车的使用寿命可达 35 年，而普通轮轨列车只有 20~25 年。磁悬浮列车路轨的寿命是 80 年，普通路轨只有 60 年。此外，磁悬浮列车启动后 39 s 内即达到最高速度，目前的最高时速是 552 km。到 2016 年，日本磁悬浮列车采用新技术后，时速达到 603 km。而一般轮轨列车的最高时速为 350 km。

（5）稳定性高。磁悬浮列车在铁轨上方悬浮运行，铁轨与车辆不接触，不但运行速度快，能超过 500 km/h，而且运行平稳、舒适，易于实现自动控制。另外磁悬浮列车无噪声，不排出有害的废气，有利于环境保护，可节省建设经费，运营、维护和耗能费用低。

3.3 各国磁悬浮发展历程如何？

高速磁悬浮作为一种新型尖端轨道交通技术，其优势已被越来越多的国家关注，德国、日本等发达国家沿用不同技术路线发展了多种磁悬浮交通运输方案。日本的超导磁浮技术实现了 603 km/h 的试验速度，德国的磁浮技术最高试验速度达到 505 km/h，并在我国上海建成了运营速度 430 km/h 的国际首条运营高速磁浮线。

3.3.1　德国磁悬浮研究历程

从 1979 年德国政府正式批准磁悬浮列车载客试验以来，经过约 50 万千米的载客试验和几十年的科研努力，德国磁悬浮列车的技术已经成熟，在技术上要比日本磁悬浮列车领先一步。德国 TR08 型磁悬浮列车如图 3-4 所示。

图 3-4　德国 TR08 型磁悬浮列车

2005 年投入运行的柏林—汉堡磁悬浮列车，全线 292 km，运行时间不超过 60 min。磁悬浮列车虽告别了轮子，但它的其他功能却与火车相同。每趟车最多可挂 10 节车厢，约 1 200 个座位。如果运货的话，每节车厢可运 17.5 t。在柏林—汉堡路段，每小时单向可发 3 趟车。如图 3-5 所示。

图 3-5　德国磁悬浮列车

德国自1969年开始磁浮列车相关研究后,于1977年决定集中力量发展高速常导交通系统。目前正在进行TR09型磁浮列车的研发。如图3-6所示。

图 3-6　德国 TR09 型磁悬浮列车

3.3.2　日本磁悬浮研究历程

日本高速磁浮和中低速常导磁浮列车的研究均始于20世纪70年代初期。高速磁浮选择了超导磁浮,并确定了磁浮中央新干线计划,持续研发了ML、MLU、MLX系列以及在MLX基础上开发的L0车型。2012年,日本JR东海铁路公司公布了L0系列磁悬浮列车["L"代表Linear(磁悬浮),"0"则表示像0系列新干线一样的第一代列车]原型,速度可达到311 m/h(500 km/h),设计了16个车厢,每列可承载1 000名旅客。如图3-7所示。

日本目前已建立一条中低速磁浮线——东部丘陵线(Linimo线),作为世界首条中低速磁浮线路已于2005年开通运营;高速磁浮线——磁浮中央新干线工程也于2014年年底正式开工,其东京—名古屋段预计于2027年开通,L0车型将用于此条线路中。

(1)日本磁悬浮列车。L0系列新型列车的独特地方:车没有驾驶员,长长的车头最前方装有小型摄像机,摄像机会识别前方物体并化解危险;

列车的窗户比目前的新干线列车要小，是为了减少比较沉重的玻璃的使用量，减轻车体重量，减少电能使用，提高车速；列车的车体使用了一种非常坚固的铝合金材料，能保证列车在高速中安全运行。

图 3-7　日本磁悬浮列车

（2）世界上最快的火车。2007 年日本磁悬浮列车以 603 km/h 的速度，打破了吉尼斯世界纪录，成为目前世界上最快的火车，时速达到 603 km 的磁悬浮列车，也许是世界上最快的车！如图 3-8 所示。

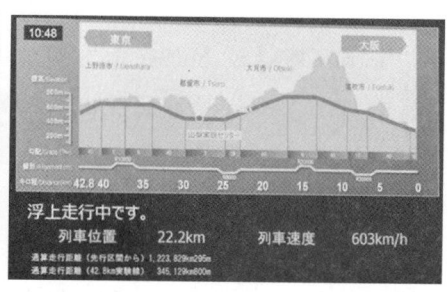

图 3-8　日本磁悬浮列车

（3）世界上第一条高速磁浮高铁。日本国土交通相太田昭宏 10 月

17日批准东海铁路公司（JR东海）动工建设磁悬浮中央新干线。最高时速可达500 km, 40 min即可连接日本东京地区和中部地区。一旦建成，将超过上海磁悬浮列车，成为全球最快的运营列车。如图3-9所示。

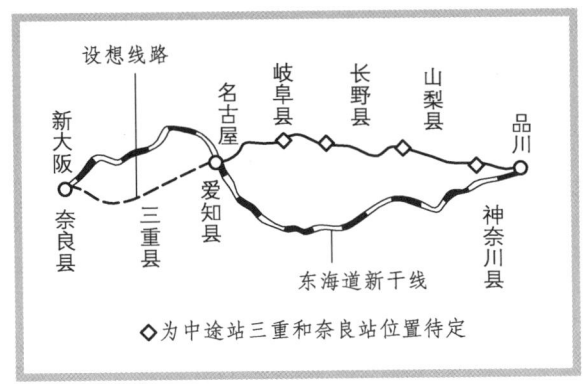

图3-9　日本磁悬浮新干线

磁悬浮中央新干线的东京品川至名古屋区间计划于2027年开通运营，东京至大阪全线计划2045年贯通。车厢将安装超导磁石，靠磁力使车厢浮在轨道上。为了让列车尽最大可能跑出500 km/h的超高速，磁悬浮中央新干线的线路接近直线。

3.3.3　中国磁悬浮发展历程

中国在磁悬浮方面探索的脚步也从未停歇。2006年年底，位于浦东新区临港的上海中低速磁浮试验线建成，同时完成了车辆组装与调试。2008年11月，上海低速磁浮线上实现三节连挂列车85 km/h速度试验运行，上海低速磁浮试验线实现了列车的101 km/h试运行速度。2009年，中低速磁悬浮列车唐山试验线工程在中国北车唐山轨道客车有限公司竣工并通过验收。2014年，在西南交通大学的牵引动力国家重点实验室超导技术研究所，中国科学家成功完成了载人高温超导磁悬浮环形轨道测试。2015年，北京市中低速磁浮交通示范线开工。中国正在研制超级磁悬浮列车，采用真空钢管设计，未来的时速可达到 2 000 km。

（1）上海磁悬浮列车。上海磁悬浮列车专线西起龙阳路站，东至上海浦东国际机场，专线全长 29.863 km，是中德合作开发的世界第一条磁悬浮商运线，且是世界第一条商业运营的高架磁悬浮专线。上海磁悬浮列车是"常导磁吸型"（简称"常导型"）磁悬浮列车。磁悬浮列车是利用"异性相吸"原理设计，是一种吸力悬浮系统，利用安装在列车两侧转向架上的悬浮电磁铁，和铺设在轨道上的磁铁。如图 3-10 所示。

图 3-10　上海磁悬浮列车

上海磁悬浮列车运营速度 430 km/h，部分时段运营速度 300 km/h，转弯处曲线半径达 8 000 m，肉眼观察几乎是一条直线，最小的曲线半径也达 1 500 m。

（2）长沙磁悬浮列车。长沙磁浮工程全线长 18.5 km，完成投资约 35 亿元，最高时速 100 km，乘客从长沙高铁南站搭乘磁浮列车，只需约 10 min 即可到达黄花机场。2016 年，长沙磁悬浮快线开通试运营。该工程最大的亮点是中国首条自主研发的磁悬浮线，使用中车株洲电力机车公司自主研发生产的中低速磁浮列车"追风者"。如图 3-11 所示。

长沙磁浮在实现列车能够悬浮之后，列车能高速行驶就必须依赖另一项技术——直线电机，而该技术也可以被用于航母电磁弹射。

图 3-11　长沙磁悬浮列车

（3）高速磁浮列车 600 km/h！高速磁浮交通系统由磁浮车辆、地面牵引控制、运行控制、线路轨道系统等构成，涉及学科、专业众多，是一项技术难度极高的系统工程。目前高铁的最高运营速度为 350 km/h，航空巡航经济速度为 800～1 000 km/h，时速 600 km 的高速磁浮交通系统可以填补高速铁路和航空运输之间的速度空白。2020 年，中国研制出时速 600 km 的高速磁浮样车。如图 3-12 所示。

图 3-12　高速磁悬浮列车

高速磁浮铁路系统由线路、车辆、供电、运行控制系统等四个主要部分构成。磁浮交通系统由于有着较高的经济运行速度，不仅适合于相距数百千米至一千多千米的交通枢纽之间的大运量快速客运交通，而且还适合于相距数十千米至数百千米的中心城市与附近重要城市之间的现代大容量高速客运交通系统。因此，磁浮交通系统将是世界各国选择建设大容量客运体系时考虑的重要方案之一。

4 超级高铁

超级高铁（Pneumatic Tubes）是一种以"真空钢管运输"为理论核心设计的交通工具，具有超高速、高安全、低能耗、噪声小、污染小等特点。超级列车有可能是继汽车、轮船、火车和飞机之后的新一代交通运输工具。2013年，美国马斯克（Elon Musk）提出超级高铁计划，他认为超级高铁可以1 200 km的超高时速远距离运送乘客。因此，超级高铁是未来交通的发展方向，很多国家正在研发。

4.1 超级高铁的基本定义

超级高铁这一概念最早于2013年由Elon Musk提出，目前主要有两家公司正在进行实物的研究，但是目前尚未有具体的实物，关于超级高铁的定义也是颇多。在Elon Musk于SpaceX的官网上公布的白皮书 *Hyperloop Alpha* 中提出：超级高铁将会是一种继飞机、火车、汽车、船只之外的新型的交通方式，作为一种新型的地面交通方式，与传统交通方式相比具有更安全、更快、能耗更小、更方便、受环境影响小、更加环保、更加抗震、不影响沿线道路等优点。Hyperloop One公司对其定义是：超级高铁是一种廉价但速度极快的用来进行人和物的运输的新型交通工具，它具有可调节性、节能、安全等特点，被认为在将来的交通领域将会得到极大的重视。如图4-1所示。

高铁问答

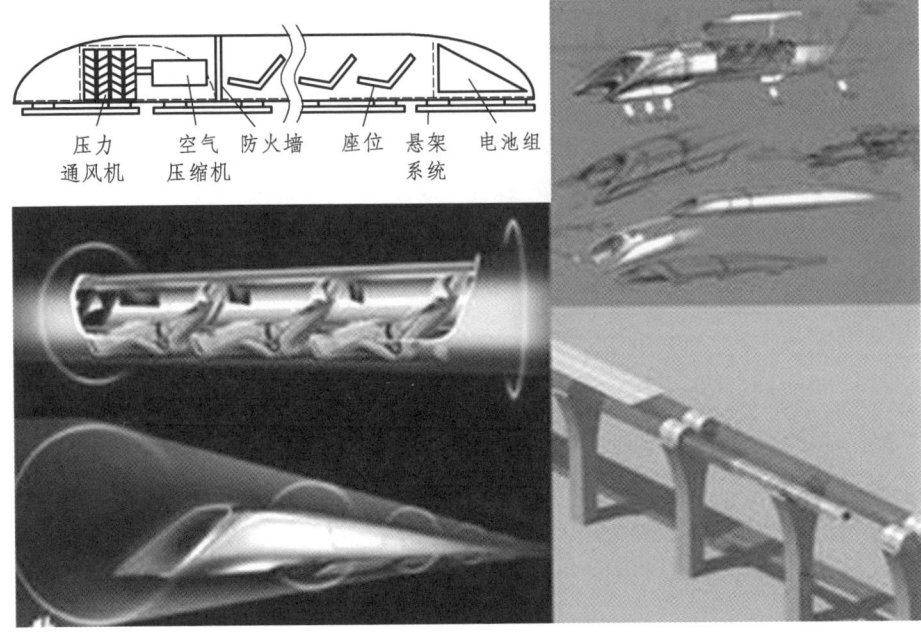

图 4-1 超级高铁概念设计

超级高铁是一种以"真空管道运输"为理论核心设计的新型地面交通运输工具,与传统交通运输工具相比,具有超高速、低能耗、噪声小、污染小等特点。这种交通工具将一系列"真空管道"连接起来,构成整个运输线路系统,可以让乘客在数分钟时间内就能从甲地到达乙地。超级高铁作为交通工具方便了乘客出行,节省了出行时间,提高了运送效率。

1. 超级高铁的基本原理　超级高铁是一种在真空管道中运行的超级列车,属于真空管道磁悬浮列车(Evacuated Tube Transport),超级列车在密闭的真空管道内行驶,不受空气阻力、摩擦及天气等影响,特别是不受自然环境影响(如大风、暴雨、泥石流、低温等)。超级列车时速可达到 1 000～20 000 km,超过了飞机飞行速度的数倍,是一种理想的交通方式。如图 4-2 所示。

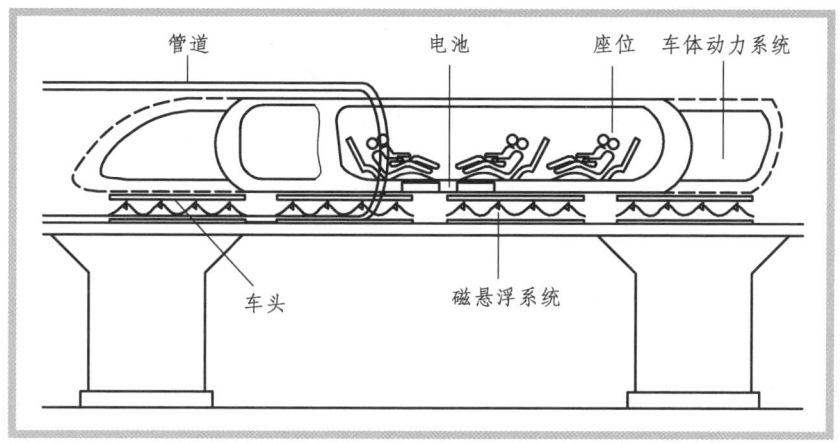

图 4-2 超级高铁示意图

2. 超级高铁的系统架构　超级高铁是建造一条与外部空气隔绝的管道,将管内抽为真空后,在其中运行磁悬浮列车等交通工具,运载工具(即超级列车)处于一个几乎没有摩擦力的环境中,利用低压管内的浮舱以时速 1 200 km 的速度运送旅客。如图 4-3 所示。

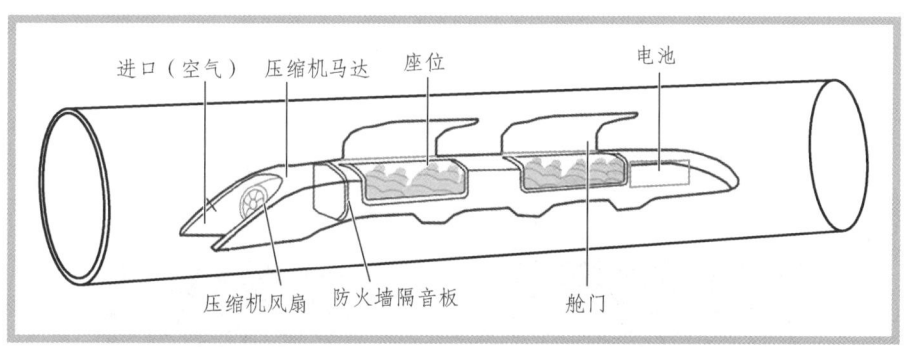

图 4-3 超级高铁系统

(1)超级列车。超级高铁是继汽车、轮船、火车和飞机等之后的新一代交通运输工具,具有超高速、高安全、低能耗、无噪声、零污染等特性。如图 4-4 所示。

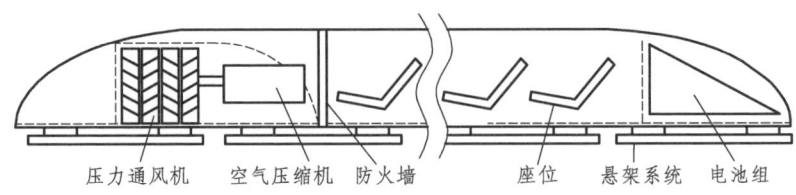

图 4-4 超级列车示意图

（2）真空管道。超级高铁有别于传统铁路，是真空悬浮无摩擦力飞行系统，该系统是一套全新的高速运输体系。超级高铁系统由运输管道、载人舱体、真空设备、悬浮部件、弹射和刹车系统等组成。如图 4-5 所示。

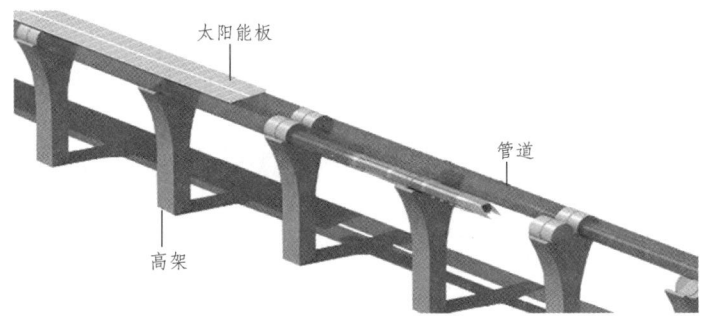

图 4-5 真空管道示意图

（3）动力系统。超级高铁推进系统使用了与磁悬浮类似的原理，在一个真空的管道中，线圈通电产生磁场，让吊舱悬浮在管道里，从而将摩擦降至最低，以实现最大的推进速度。如图 4-6 所示。

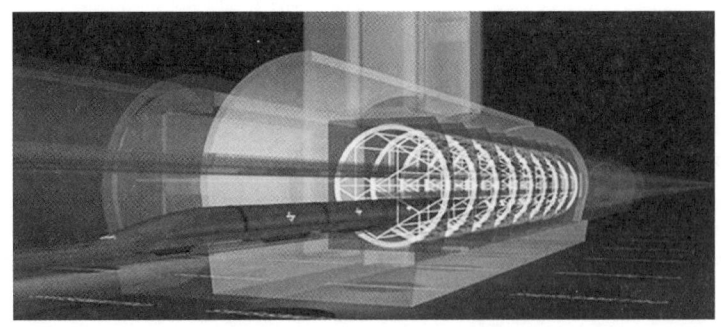

图 4-6 动力系统示意图

4.2 超级高铁的发展历程

2013年,美国太空探索技术公司SpaceX首席执行官伊隆·马斯克（Elon Musk）想出了一个天才创意,利用磁悬浮驱动超高速列车通过真空管道的方式,帮助人们实现"超高速旅行"的梦想。这种交通形式也被称为"超级高铁（Hyperloop）"。马斯克概述了超级高铁的潜力,以及其商业化所面临的挑战。但马斯克并非第一个提出"气压驱动运输"创意的人。超级高铁的概念起源自17世纪末,当时世界上刚刚诞生首个人造真空管,在随后的几十年里,设计师们才提出"地下快速交通系统"的概念。如图4-7所示。

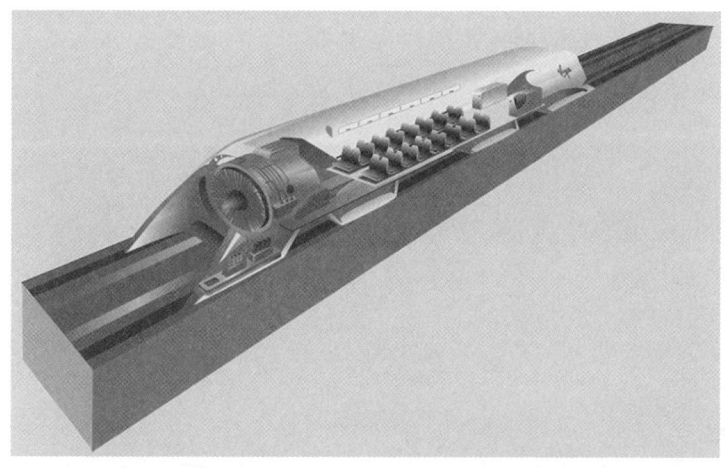

图4-7 超级高铁概念图

（1）1799年,发明家George Medhurst提出创意,即使用空气压力将货物通过铸铁管道运送。1844年,他在伦敦建立了一个火车站,但直到1847年才实现依靠气动提供动力的梦想。气动铁路如图4-8所示。

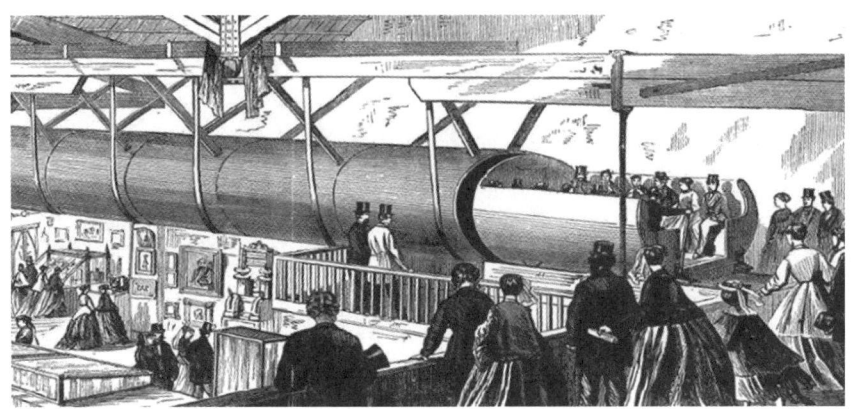

图 4-8　气动铁路

（2）在 19 世纪 60 年代，伦敦南部建造了贯穿整座公园的水晶宫大气铁路系统，由直径为 6.7 m 的巨大风扇提供推力。在回程途中，风扇的叶片会反转，从而推动列车反向行驶。如图 4-9 所示。

图 4-9　伦敦水晶宫大气铁路系统

（3）1870 年到 1873 年之间，Beach Pneumatic Transit 公司曾在曼哈顿运营，它是纽约最早的地铁前身。Alfred Ely Beach 设计的运行系统，它只有一节车厢和一处站点，利用压缩空气推动车型前进。如图 4-10 所示。

图 4-10　气动地铁系统

（4）1910 年，美国火箭先驱罗 Robert Goddard 设计了一列火车，从波士顿到纽约只需 12 min。虽然它从来没有被建造出来，但它将漂浮在真空密封隧道内的磁铁上。相关设计图如图 4-11 所示。

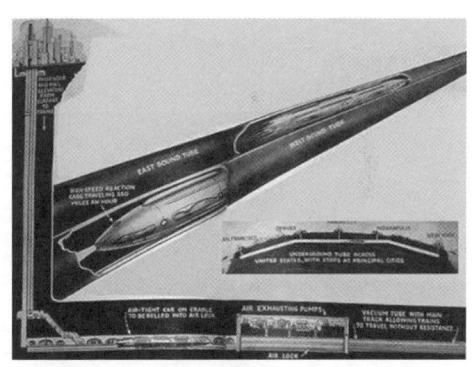

图 4-11　罗伯特·戈达德真空管道列车设计图

（5）到了 20 世纪，科学家和科幻作家们想象的交通系统已经非常像超级高铁。例如，在 1956 年的小说《双星（Double Star）》中，科幻作家罗伯特·海因莱茵（Robert Heinlein）就曾提及"真空管道（vacutubes）"的概念。如图 4-12 所示。

图 4-12 真空管道（vacutubes）概念图

（6）20 世纪 90 年代初，麻省理工学院的研究人员设计了一套真空管列车系统，从纽约到波士顿需要 45 min。与马斯克的计划相似，这种设计要求有磁性轨道。如图 4-13 所示。

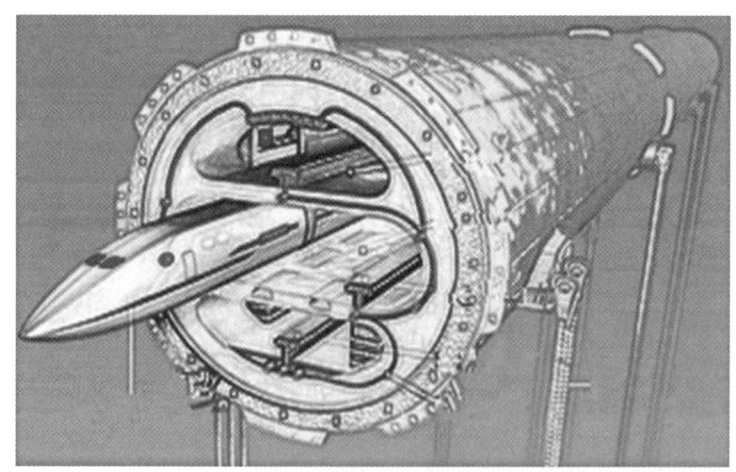

图 4-13 麻省理工学院真空管列车系统

（7）到 21 世纪初，交通初创企业 ET3 设计了气动-磁悬浮列车，其特点是汽车大小的车厢在高架管道中行驶。如图 4-14 所示。

图 4-14　ET3 气动-磁悬浮列车

（8）2010 年，英国推出的 Foodtubes 项目也采取类似的设计，除了这套系统处于地下，并以运送食品为主。在这个系统中，食物罐可以最高 96 km 的时速被运送。如图 4-15 所示。

图 4-15　Foodtubes 系统

高铁问答

（9）2013年，Elon Musk在长达57页的白皮书中公布了自己"超级高铁"的概念。根据Elon Musk的设计，每个密封的车厢可以容纳28人，从纽约到华盛顿特区只需要29 min。如图4-16所示。

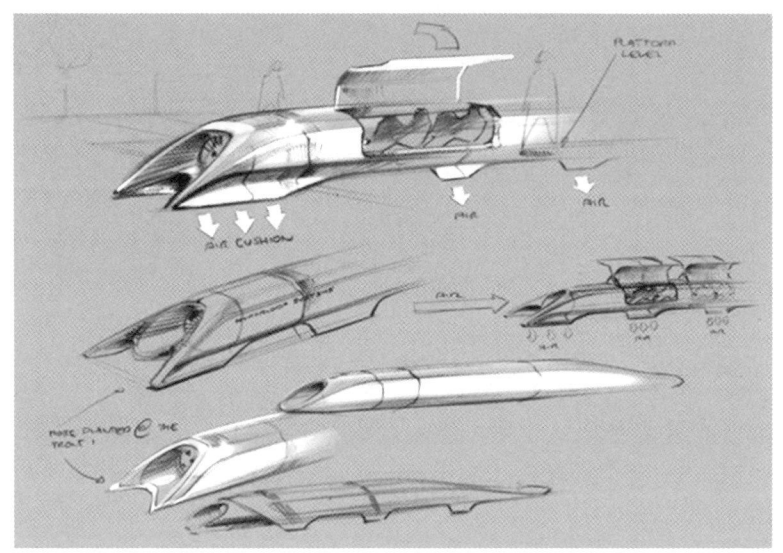

图4-16　Elon Musk超级高铁设计图

现代交通的几种方式（轮船、火车、汽车以及飞机等），给人类带来了进步和繁荣，但同时也带来了污染、交通堵塞和死亡等问题。而超级高铁这种被马斯克称为"第五种交通方式"的工具，与飞机速度一样快，但比乘火车便宜，可以在任何天气状况下持续运营，还不会排放任何碳物质。而且超级高铁将一座座城市变成地铁站点，地理意义上的边界将就此消失，形成了高铁环境下的地球村。

4.3　超级高铁的"车、线、站"设计理念

超级高铁系统是建造一条与外部空气隔绝的管道，将管内抽为真空后，在其中运行磁悬浮列车等交通工具，运载工具（即超级列车）处于

一个几乎没有摩擦力的环境中,利用低压管内的浮舱以时速 1 200 km 的速度运送旅客。

4.3.1 超级列车的设计理念

超级高铁列车的外表主要材料为铝制且整体构型为胶囊状。在高速行进过程中,阻力主要来源于两方面,一是空气阻力,二是轮对的摩擦力。超级列车利用气悬浮或磁悬浮的方式让座舱悬浮于管道内,大大减少了这两种阻力。对应的,超级列车主要分为气悬浮式超级列车和磁悬浮式超级列车。

(1)气悬浮式超级列车。在马斯克的设计方案中,考虑到磁悬浮的成本太高,超级列车悬浮采用气悬浮。座舱头部安装有发动机和风扇叶片,中部是座舱,尾部是蓄电池,此外,行驶仓下方会有 28 个空气雪橇,每个 1.5 m 长,0.9 m 宽。通过在列车头部安装一个压缩风扇,吸进空气,然后从列车底部排出,形成几毫米厚的气垫使列车悬浮。如图 4-17 所示。

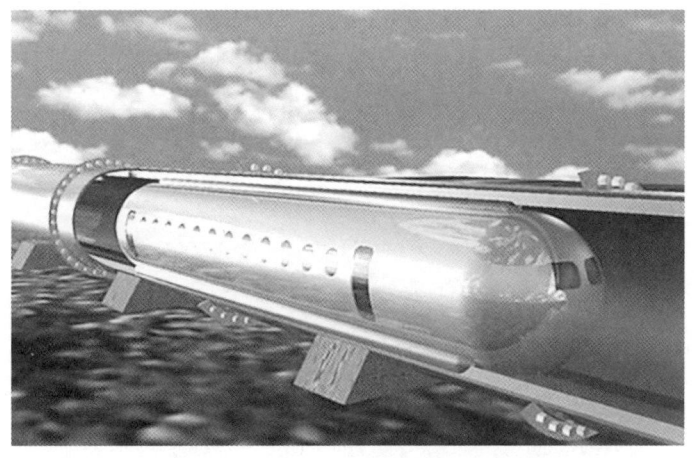

图 4-17 气悬浮式超级列车结构

马斯克推荐的是极低压的真空系统,也就是里面有仍有部分空气,利用目前的商用抽气泵可以实现这样的气压状态,管道中的气压为火星大气层气压的 1/6。大大减少了行驶舱运行的阻力。通过压缩的空气垫来悬浮起整个行驶舱，最后，行驶舱的空气雪橇部分与管道的距离会保持在 0.5 mm 至 1.3 mm 之间悬浮状态。图 4-18 为客舱概念图。

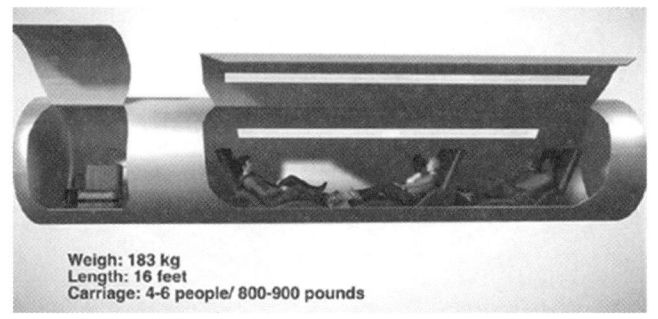

图 4-18　客舱概念图

（2）磁悬浮式超级列车。磁悬浮式超级列车与气悬浮式超级列车相比，造价更为高昂。但是考虑到目前的技术安全性以及稳定性，世界上最主要的两家超级高铁研究公司 Hyperloop One 公司及 Hyperloop Transportation Technologies 公司目前均预计采用了磁悬浮式超级列车。磁悬浮式超级列车采用的悬浮技术是被动磁悬浮技术，相比于目前在欧洲和中国等地区使用的传统磁悬浮技术更便宜、更安全。图 4-19 为首次真空环境下测试。

图 4-19　首次真空环境下测试

（3）超级列车的豪华车厢。在马斯克设计之初规划只能容纳 4 至 6

名乘客，但是为了更高效地进行交通运输，在后来的设计里，将 4 至 6 名乘客的座舱设计为商务舱，还设计了普通舱位，座位数量增为 28 个。与民用飞机一样，商务舱内则以尽量高端的服务优先，座位较少，包含了诸多豪华设施；而普通舱内以尽量多的乘客座椅设置优先，座位较多，椅背上有液晶显示屏供乘客观看影音或玩游戏。如图 4-20 ~ 4-22 所示。

图 4-20　屏幕装置中仿真虚拟环境

图 4-21　商务舱内部设施示意图

🚄 高铁问答

图 4-22　普通舱内部设施示意图

4.3.2　超级线路的设计理念

超级线路由管道构成。真空管道的铺设和普通高铁轨道相似，通过桥墩固定于空中，用真空泵将管道抽成真空或部分真空以便于减少来自空气的阻力。由于超级高铁速度极快，为了保证超级高铁的安全，真空管道基本都是直线管道。如图 4-23 所示。

图 4-23　超级线路

真空管道由钢铁构建，每 30 m 由一个支架支撑，具有一定抗震作用。

同时管道表面覆盖太阳能电池板用来给整个运输系统供电。整个超级高铁系统工作时的功率为 21 MW，而表面覆盖的太阳能电池板可以提供 57 MW 的电能。

4.3.3 超级站点的设计理念

超级高铁站点具有收发列车、乘客集散以及超级列车维护修理的功能。乘客大厅以及行人通道的设计与普通高铁一致，相应的服务设施也一应俱全。如图 4-24 所示。

图 4-24 超级站点

根据马斯克设计的气悬浮式超级列车站点，考虑到超级列车需要在很短的时间内安全的减速，在真空管道内设置分段区间，区间内有气压差，气压最高位置为停车位置，当超级列车进入站点后会逐渐减速。此外，超级高铁站点需要配置完善的推进系统，能够在短时间内使超级列车平稳地提速。图 4-25 为站点候车区。

图 4-25　站点候车区

4.4　超级高铁的技术性能

超级高铁由双向管道和运输舱组成，管道空气抽空后达到真空状态，胶囊形态的运输舱在管道中通过磁铁或电力实现动力加速。在行进过程中车舱会全程悬浮在管道中，其理想时速超过 1 200 km。超级高铁列车在运行时，其真空管道内的大气压远低于外界大气压，通过低压环境，可以减少空气对磁悬浮列车的阻力，这就解决了一系列空气动力问题，在维持高速的同时实现低耗能、无噪声污染。

（1）速度：大于 1 200 km/h（音速）。超级高铁能够在一个完全真空的管道中以 10 000 km/h 以上速度运行；一个 0.1 大气压真空的管道中以 6 500 km/h 以上速度运行；一个 0.2 大气压真空的管道中以 6 500 km/h 以上速度运行。

（2）运能：大于 336 人/h。超级列车载客 28 人，5 min 发车频率（运营常规化可以达到 3 min 的发车频率），则超级高铁小时客运量超过 336 人/h。

（3）经济：低于 1 亿元/km。超级高铁建造和维护的成本比轮轨高铁低。超级高铁的理论造价已经低至 1 亿元/km，而我国轮轨高铁（设计速度 350 km/h）的造价为 1.59 亿元/km。

（4）能耗：清洁能源（太阳能）。采取太阳能供电方式，能够自行补充能量，而且该系统还有存储能量的设施，在不使用电池板的情况下也能行驶一周时间。

（5）污染：超级高铁在真空管道中自由运行。所以，超级高铁不但没有环境污染，也没有噪声污染。

4.4.1 超级高铁的推进系统

超级列车的行驶过程中包括三个过程：第一，加速；第二，匀速高速行驶；第三，减速到站。

超级高铁以空气压缩方式为主，无摩擦运行。启动阶段能在相对低速的情况下将座舱从 0 静止加速到 480 km/h，这需要较大的启动加速度；在直线加速区域能够以 1g（9.8 m/s^2）的加速度将运行速度从 480 km/h 加速到 1 220 km/h；超级列车头部的风扇足以提供列车保持 1 220 km/h 速度的力，至于加速和减速过程的力则由管道壁上的直线电动机来完成，出发时对列车不断加速，快到站时不断减速。图 4-26 为 Hyperloop 通往洛杉矶的超级高铁。

图 4-26 Hyperloop 通往洛杉矶的超级高铁

 高铁问答

4.4.2 超级高铁怎么供能的？

太阳能是超级高铁最适合的动力源。超级高铁充分利用管道上方的空间，铺满太阳能电池板。超级高铁当车加速时，系统要供电，但在车体减速时，会为向系统供电。车内的电池主要是制造自身气垫之用，在隧道内，约每 110 km 就会有一个外部线性电动机为列车补充动力。如图 4-27 所示。

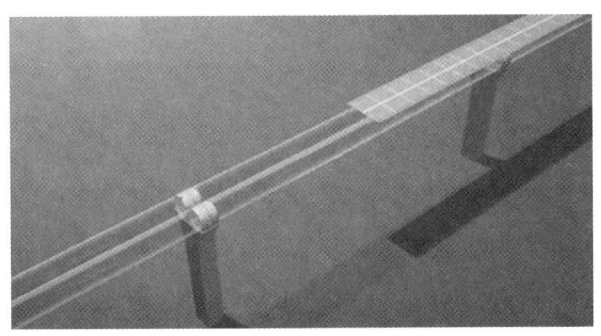

图 4-27　超级高铁供能方式

超级高铁一方面轨道采用被动磁悬浮技术，不需要持续供电，大幅降低能耗需求；另一方面，车体在接近真空的管道内悬浮飞行，阻力非常低。所以，整个超级高铁系统耗电量低，仅靠自己的太阳能供电就能维持运营。

4.5　超级高铁的安全态势

无论哪种交通工具，安全是首要的，没有了生命其他都无从谈起。因此，安全可靠是旅客出行考虑的首要因素。超级高铁系统使用巨大、近乎真空的管道把多个城市相连接，构成一张张超级高铁网络，方便大家快速出行。但超级高铁的安全性如何呢？

（1）客观上的安全性。从客观上来看，自然环境对各种交通工具（如汽车、飞机、轮船等）影响较大，但对超级高铁来说，在全封闭系统中

运行，不受自然环境影响。如超级高铁与航空行程相比，真空管道运输不受天气因素影响（如不受风力、冰雪、大雾和降雨等自然气候影响），不会发生航班延误、取消等情况。

（2）主观上的安全性。从主观上来看，大多数交通事故和人有关，而超级高铁主要是智能化控制，和人关系不大。如超级铁路与传统火车、飞机不同，它不会出现人为事故，因为它是一个封闭系统，先进的控制保障系统使得其安全程度是其他交通运输方式及工具无法企及的；在真空管道沿线处每隔一定距离还设有安全舱，当超级列车发生故障停止，或是密封舱体失压时，乘客可从安全舱逃离，躲避危险。

总之，无论从主观还是客观上来看，超级高铁是最安全的一种交通工具，相对于汽车、飞机、轮船和轮轨高铁等交通工具，超级高铁是非常安全的交通工具。例如：轮轨高铁从1964年开始运营到现在，一共发生了6次交通事故，见表4-1。这与空难频发的航空［国际航空运输协会（IATA）关于2015年的全球飞行安全统计报告显示，2015年在全球范围内导致10人以上遇难的空难至少10起，共计576人遇难］形成了鲜明对比，而道路交通早已发展成为人类的第一杀手（根据2015年世界卫生组织发表的《2015年全球道路安全现状报告》，全球每年约有130万人死于道路交通事故，并有2 000万至5 000万人遭受非致命伤害）。何况在管道中运营的超级高铁要比轮轨高铁安全多了。因此，超级高铁是现有交通工具中安全性最高的交通工具。

表4-1 高速铁路事故

名　称	时　间	国家	死亡人数/人	伤亡人数/人	事因
第一次高铁事故	1998-06-03	德国	101	194	轮轨
第二次高铁事故	2005-04-25	日本	107	549	人为
第三次高铁事故	2011-07-23	中国	42	192	闪电
第四次高铁事故	2013-07-24	西班牙	79	180	人为
第五次高铁事故	2015-11-14	法国	42	32	脱轨
第六次高铁事故	2016-07-14	意大利	27	50	脱轨、人为

高铁问答

4.6 超级高铁的可行性怎么样？

交通工具代表了人类最根本的梦想：突破空间和时间的约束，以最快的速度达到更远的地方。超级高铁作为最快交通工具，拥有许多优势，不但提高了运输效率，而且也降低了环境污染，减少了能量消耗。然而，目前的技术水平和经济成本尚不足以使超级高铁投入使用和推广应用。

（1）从理论方面来看，超级高铁系统是完全可行的。从理论上来说，管道运输是目前最为高效和节能的运输方式。真空磁悬浮列车为世界上最快的交通工具，理论上已验证。超级高铁就是在真空管道中运行的磁悬浮列车。因此，从理论方面来看，构建超级高铁系统是完全可行的。

（2）从应用方面来看，技术难度大，短时间内无法建设超级高铁系统。从应用方面来看，想要实现 1 000 km 以上的真空运输很难，特别是技术、成本和管理等方面。因此，从应用方面来看，目前构建超级高铁系统是不可能的。

总之，超级高铁拥有诸多优势，或许在未来能够引发交通领域的革命，促进人类社会大进步。但是，在技术层面和成本方面还存在着不少问题，还需要学者们不断去研究和探讨。图 4-28 为超级高铁运营示意图。

图 4-28 超级高铁运营示意图

4.7 超级高铁的发展意义

速度的提升，缩短了时空，拉近了距离，重构了世界的时空版图，实现全球一体化。在轮轨高铁的促进下，各国都市圈快速形成，大大拉近了城乡距离，加速了城乡一体化。但轮轨高铁是一项高成本、高投入的基础设施项目，而超级高铁更是一种高风险的设施，直接关系到一个国家的国计民生。从理论上，在真空环境下超级高铁确实有可能达到更高速度，但最高速度不仅与真空度有关，还与悬浮导向系统、牵引系统、轨道系统及运行控制系统等技术相关。因此，超级高铁还需要进一步的理论研究。

5 高铁的基本常识

高铁虽然已经运营几十年了,但普通大众对高铁相关知识理解较少。特别是我国民众对高铁的理解,更加渴望。所以,本书在总结前人工作的基础上,对高铁的一些基本知识进行介绍。

5.1 高速铁路列车为什么左行?

在我国,汽车、行人都是靠右行驶,但在乘坐火车时,一列列火车都是从我们的右边飞驰而过。为什么在我国汽车右行而高速铁路列车左行呢?

(1)错误的传说:地理位置决定火车左行的说法。许多人认为我国火车左行是由我国所处的地理位置决定的。因为地球是一个两极部位略扁的不规则的球体,并且自西向东转。我国地处北半球,当两列火车相遇时,火车靠左行,西边轨道上的火车受的力向西,东边轨道上的火车受的力向东,由于它们受的力都向外侧,火车不会相撞。

地理位置决定火车左行的说法,这个解释貌似非常有道理。但根据"科里奥利力",北半球的地转偏向力为前进方向的右侧,按照铁路的走法,对向车位于本车右侧,理应更容易对撞。所以,事实并非如此,只是一个美丽传说。

(2)专家的共识:复杂环境下的习惯问题。大多数专家认为火车左行还是右行,是一个习惯问题,没有涉及高深的科学问题。这是因为:一方面,我国早期的铁路许多都是英国修建的,按照英国的形式设置信号系统;另一方面,当时我们国家技术和资金有限,无法自行设计和建设复杂的铁路系统。所以,我们国家就采用了英国铁路的运行方式。由于英国的铁路是左行的,所以我们的铁路也就左行了。如图5-1所示。

图5-1 高速列车靠左行驶

(3)英国的经验:铁路左行的渊源。至于英国的铁路为什么为左行,有两个传说。但每一种传说,都有一定的科学性和合理性。

第一种传说:保护人的心脏。为什么英国的火车靠左走?因为英国的马车靠左走。为什么英国的马车靠左走?因为英国的马靠左走。英国的马为什么靠左走?因为英国的骑士靠左走。英国的骑士为什么靠左走?因为骑士右手持剑且保护自己在左边的心脏。

第二种传说:右手的习惯性。英国最初发明的火车,都是蒸汽机车,那时轨道简单、路况复杂。很多时候司机要从旁边伸出头来观察路况,这时就只能一只手操作,用哪只手操作方便?大多数人习惯用右手,这样驾驶位自然设在左边,必要时从左边伸出头来观察路况。所以,铁路信号设施也就设在左边,火车行车也就靠左。

高铁问答

5.2 高速铁路为什么无座火车票不半价？

近年来，关于无座火车票半价的呼吁总会不绝于耳，但能否实现呢？答案：不可能（图5-2）。理由如下：

图5-2 高速铁路无座火车票不半价

（1）从经济性上讲，无座火车票半价难实现。软卧、硬卧、商务座、一等座、二等座等都在不同的车厢，以车厢为单位各自独立存在，但无座票和坐票旅客是在同一车厢。一列高速铁路从起点站到终点站中间要停很多站，每个站点都有旅客上下。若无座票实行半价或打折，则买无座票的乘客是无权坐座位的，但旅客不会眼看着座位空出来而不去坐的，这样对于铁路部门就不公平了。

（2）从社会性上讲，无座火车票半价难实现。若无座票实行半价或者打折，则在春运期间，求大于供，火车车厢会比较拥挤，对于长途旅客来说买座位票是首选，但也会有部分旅客会存在蹭座的想法，去买价位更低的无座票。但平时供大于求的时期，火车车厢相对比较空闲，则买有座票和无座票的都有空位置可坐，此时旅客便不会买有座票。

目前，我国各个铁路局根据实际情况推出了"学生票"以及"务工人员团体票"等活动，通过这些政策和措施，实现大家购票的公平性。

5.3 高速铁路辐射是否符合国际标准？

高速铁路有辐射么？有电的地方就有辐射，人类诞生以来就与辐射相伴。但人类所接触的辐射，80%来自自然界（如宇宙射线），另有20%来自人类自己的创造发明（如家电、手机等）。如图5-3所示。

图 5-3 高速铁路不可避免地会产生电磁辐射

19世纪，丹麦物理学家奥斯特发现电流磁效应，该项发现表明电流通过导体会产生电磁场，也就是电磁辐射。而高速铁路运行依赖于大功率牵引系统，不可避免地会产生电磁辐射。2000年，欧洲电工技术标准化委员会（CENELEC）发布了铁路电磁兼容系列标准（EN50121），对铁路系统各专业电磁辐射的测量方法和限值作出规定，后转为IEC62236标准。

目前，我国高速铁路都是按照国际标准设计制造，电磁辐射强度都在标准限量之内。我国铁路部门也定期对高速铁路动车组车厢、司机室等进行系统监测，其电场、磁场强度均符合国家相关标准，不会影响乘车人员的身体健康。

高铁问答

5.4 高速铁路为什么不夜间运行？

为了保证高铁安全运行，必须要对高铁系统进行检修，保证高铁系统的可靠性。而为了不影响大家出行，高铁系统的检修时间就定在夜间。所以，高速铁路夜间不运行，而是在检修。

1. 检修时间　我国高速铁路凌晨 0 点至 6 点期间没有班次，业内称之为"天窗"。这段时间是为了保证高速铁路安全运营的设备检修时间。在凌晨 0 点至 6 点期间，高速铁路各类设备都要进行检修，主要包括：工务段要对线路进行检查，供电段要对供电设备（如供电网）进行检查，信号段要对信号进行检查，动车组要回库进行检修和维护。

2. 高铁动卧　高速铁路的速度快，对检修的要求相应也提高，所以高速铁路采取的是"垂直天窗"，夜间不运行。但是也会有部分线路开行夜间的高铁动卧，比如北京至广州、深圳、南宁间，上海至广州、深圳间、深圳至厦门间等每周逢周一、周五、周六、周日开行。由于该列车使用的动卧车体，比普通动车更为宽敞。列车在 8 号车厢设有一节餐车，24 小时开放，并免费为卧铺旅客供应晚餐，但仅以冷餐为主。2 车至 15 车为软卧，一节车厢共设有 10 个包房，全部 4 人包厢，一扇推拉门将包厢与走廊隔开，每个包厢 4 个铺位，车厢定员为 40 人。高铁动卧车厢如图 5-4 所示。

图 5-4　高铁动卧车厢

虽然是夜间开行,但也不用担心没有检修的时间。特别是高铁动卧列车停运日:综合维修天窗时间仍按现行执行。

5.5 高速铁路为什么多数建在桥上?

我国高速铁路建在桥上的比例很高,包括多方面的因素,最主要的是为了高速列车平稳高速运行。由于高铁速度快,要保证高铁安全运行,高铁必须以直线运行、减少曲线,所以高速铁路多数建在桥上。如图5-5所示。

图5-5 在桥上运行的高铁

(1)高速铁路建在桥梁上,保证高铁线路的平稳性。在高速铁路线路的建设过程中,尽量采用桥梁建设,保证线路的平直和平顺,也保证线路的坡度较小,利于加速和减速。

(2)将高速铁路建在桥梁上,有助于减少线路的沉降。我国高速铁路建设较快的很重要的一个原因就是线路采用桥梁较多。因为桥梁是建立在桩基之上的,一般桩基会打到岩石层,有些深度达六七十米,这样基本不会产生沉降。

(3)高速铁路建在桥梁上,节省土地资源,提高线路的安全性,也解决行人过道问题,减少管理风险等问题。

 高铁问答

5.6 高速铁路为什么没有安全带？

高铁受制于两条轨道，也受益于两条轨道。所以，高铁上没有安全带也是安全的。

第一，从稳定性方面分析。一方面高速铁路在控制加速度方面有严格的控制，保证纵向运动的平稳性，另一方面高速列车又被两条钢轨牢牢地控制着，保证了轨道的平顺性，列车不会有大的横向和垂向震动。所以正常情况下，乘客可以在列车上自如地行走，而不用一直把自己固定在座位上。

第二，从危险性方面分析。高速列车发生事故时，安全带给予乘客的伤害远大于潜在的保护。如欧洲铁路安全与标准委员会通过大量调查发现，在火车发生重大事故时，乘客被束缚在座椅上受伤的几率更大，主要是因为被安全带束缚在座椅上的乘客，更容易受到车厢结构坍塌所造成的伤害，因为他们无法进行有效的躲避。

第三，从社会性方面分析。高铁上的安全带，实际中难以操作。因为乘客选座高铁，基于高铁的自由空间（飞机上乘客被安全带束缚住了），所以在高铁上乘客不愿意系安全带。特别是高铁空间宽敞、运行平稳，人们习惯在车厢里面自由活动，所以很少有人愿意乘坐高铁系上安全带。

5.7 高铁站为什么建在离市区较远的地方？

目前，中国的高铁站很多都建在偏远的市区，换乘起来非常不方便，而国外的高铁站多数都建在市中心了。所以，许多人问高铁站为什么建在离市区较远的地方？

其实，高铁站的远近是相对的，要用科学和发展的眼光来分析。高铁站的选址不仅要满足大家出行需要，更要符合城市发展要求和国家战略需求。

（1）理解的误区：国内外都一样，高铁站选址都不在市中心。日本、

114

欧美的很多高铁站开始建设的时候也不在市中心,而是高铁本身巨大的带动作用,让高铁站周围发展成为繁华的市中心。如世界上第一条高铁日本东京至大阪的新干线,其中新横滨、新富士、三河安城、岐阜羽岛、新大阪等5个站点均建在离市区较远的郊区位置,其中岐阜羽岛站,车站距离岐阜县的两大城市大垣市和岐阜市,距离都超过了10 km。

（2）距离的相对性：十年后高铁站都是城市中心区。市郊与市中心也是相对而言的。随着时间的推移,日本很多没建在市中心的高铁站,现在也已经在市中心了。如新宿站与东京站,都已经成为重要的商业中心。选择在高铁站点或者周边枢纽区进行城市开发,逐渐在周边形成包括商业、办公、休闲娱乐等城市中心区。

（3）高铁站也要考虑经济成本。通常情况下,市区的地价都比较高,人口密度也非常大,拆迁起来难度不可想象。中国人口众多,乘坐高铁的人员也远超国外,所以中国高铁站的规模、站台数量,售票厅、候车室的规模,都是国外所无法比拟的。如上海虹桥站有16个站台、30条到发线,其规模都是日本东京站的两倍有余。如此大的规模,如果不是老站点有足够的土地储备,而是需要建设新站,在市场中心征地拆迁,其成本是不可想象的。图5-6为南京南站鸟瞰图。

图 5-6　南京南站鸟瞰图

高铁问答

（4）高铁站更要考虑环保性：噪声。铁路运行肯定就会产生噪声问题，对居住在线路以及车站周围的居民造成困扰。对于时速超过 300 km 的高速列车而言，其产生的噪声与振动比一般的铁路通常会更大。随着经济发展水平的逐步提高，人们的环保意识也越来越强，这也对高铁站点的设置产生很大影响。

因此，新建高铁站的偏远并不是非常大的问题，关键问题还是交通接驳，只要交通接驳跟上了，大铁路与地铁、公交能够实现无缝衔接，大部分乘客都是能够理解新建高铁站的选址的。

5.8 高铁与动车有什么区别？

高铁与动车有什么区别？高铁是一个系统，包括轨道系统、车辆系统、信号系统、供电系统、调度系统，动车组只是其中的一个系统。

1. 动车组　动车组与传统列车由机车在列首拉动车辆编组不同，动车组是由若干辆自带动力的车辆和若干辆不带动力的车辆，组成固定，不可更改地编组运行的一种列车。动车组分内燃动车组与电动车组，动车组也并不意味着一定是高速的，动车组也有 120 km/h 的，一般时速超过 200 km 的才称为高速列车。动车组"和谐号"如图 5-7 所示。

图 5-7　动车组"和谐号"

2. 高　　铁　　高铁是高速铁路的简称。关于高铁的定义，国际上也没有共识。根据国际铁路联盟的解释，狭义的轮轨高速铁路，是指新建设计运营时速 250 km 及以上的铁路和通过提速改造后运营时速达到 200 km 或以上的铁路。高铁"复兴号"如图 5-8 所示。

图 5-8　高铁"复兴号"

3. 动车组与高铁的主要区别　　首先，它们的票价不一样：如高铁的二等座为 0.48 元/km，动车组的二等座为 0.31 元/km。其次，它们的运行速度不一样：高铁的运行速度为 300～350 km/h，动车组的运行速度为 200～250 km/h。最后，它们的运行路线不一样：高铁只能在新建线路上运行，动车组不但可以在新建线路上运行，而且可以在改建线路上运行。

我国的高速铁路，通常有四种标准，见表 5-1。

表 5-1　我国高速铁路的四种标准

种类	设计时速/km	线　路	备　注
1	300～350	京沪高铁、武广高铁　等	客运专线
2	200～250	京哈线秦沈段　等	客运专线
3	200～250	汉宜铁路、新湘桂铁路　等	客货混跑铁路
4	200	京广线京汉段，沪昆线浙赣段　等	既有线路改造

 高铁问答

5.9 高铁如何命名？

对高速铁路的命名，目前也比较混乱，没有统一规律，概括来说，大概有三种类型：

第一类："XX高速铁路"命名。高铁线路跟既有线路走向平行的，且在2009年12月后开通，就以"XX高速铁路"命名。如武广高速铁路、郑西高速铁路、京沪高速铁路。

第二类："XX线"命名。高铁线路是没有既有线路的，那么就以"XX线"命名，如杭深线、宁蓉线。

第三类："XX客运专线""XX城际铁路"命名。高铁线路与既有线路走向平行的，则以"XX客运专线""XX城际铁路"命名。如"京津城际铁路""石太客运专线""胶济客运专线"。

5.10 城际铁路和客运专线有什么区别？

"客运专线"和"城际铁路"都属于广义的高速铁路，它们区别在哪里？

1. 城际铁路　城际铁路就是在城市之间开行旅客列车的铁路线。符合城际铁路的条件：城际铁路一般是修建在人口密度较大、经济较发达、人口流动很大的地区，具有线路长度相对较短（通常最长300 km/h左右），站间密度较大，设计旅客发送量大，车站位置位于市中心等特点。京津城际铁路如图5-9所示。

图 5-9　京津城际铁路

通常在我国，城际铁路都是新建的，大部分设计时速都在 250 km 及以上。少部分设计时速为 200 km，预留 250 km 提速条件。如：已经开通的京津、广深、沈大、沪杭、沪宁、成渝、昌九城际铁路等。所以城际铁路，是以它的功能属性命名的。

2. 客运专线　客运专线是专门用于客运的线路。我国铁路等级除 Ⅰ、Ⅱ、Ⅲ 级外又增加了"客运专线"等级，时速 200 km 至 350 km 的铁路统称为客运专线，曲线半径一般在 2 200 m 以上。图 5-10 为秦沈客运专线。

图 5-10　秦沈客运专线

 高铁问答

我国的客运专线时速都达到或超过 200 km。客运专线建成后要实行客货分离，客车跑客运专线，货车跑既有线，可以大大提高铁路运输效率。

5.11 高铁座位为什么没有 E？

高铁座位有"ABCDF"，为什么没有"E"呢？

1. 模仿航空设计座位　高铁的座位排列，早期型号也是按照"数字+字母"（如 6A）这种形式排列的。模仿航空，每排有 6 个座椅，分别是 ABCDEF，AF 靠窗，CD 靠走廊，BE 是中间位置。

ABCDEF 这六个字母就不是单纯地表示顺序的意思，还有靠窗（AF）、过道（CD）与中间座（BE）的区分，成了一种惯例。高铁每排的座椅又不会超过 6 个，所以就延续了这种传统。

2. 高铁座位类型　高铁座位有头等座、一等座和二等座等三种类型。

第一种类型：二等座。高铁二等座，采取的是"3+2"的座椅排列，两个靠窗、两个过道、一个中间座，所以就只有 ABCDF，没有"E"。

第二种类型：一等座。高铁一等座，采取"2+2"座椅排列，两个靠窗、两个过道，当然就只剩下 ACDF 了，没有代表中间座的"B"与"E"。

第三种类型：头等座。高铁头等座，采取"2+1"座椅排列，两个靠窗、一个过道，当然就只剩下 ACF 了，没有代表中间座的"B""D"与"E"。

高铁动车组座位排列如图 5-11 所示。

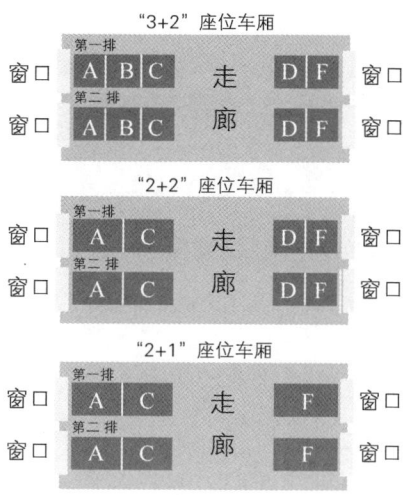

图 5-11　高铁动车组座位排列

高铁动车组座位排列不管出于何种本心，主要目的是方便乘客。只要乘客拿到火车票，一看座位号码就知道，到底自己的座位是靠窗，靠过道，还是中间位置。

5.12　坐动车组看外面的景物为什么不快也不晕车？

许多人坐了高铁后，觉得高速列车跑得那么快，没有一点不舒服，难道真是"减速玻璃"的功效吗？

（1）高铁上看外面的景物为什么不快也不晕车？

高铁上看外景不快：首先，高铁路基一般都是高架，没有妨碍视线的障碍，离景物较远，看远处的景物角速度小、自然就慢了；其次，高速列车运行非常平稳、宁静，也给乘客以慢的感觉，并且这才是乘客不晕车的主要原因；最后，加上动车组车窗宽大，视野开阔，景物可视时间较长，也会给乘客慢的感觉。所以，高铁上看外面的景物不快也不晕车。如图 5-12 所示。

高铁问答

图 5-12 高铁车窗

（2）高铁车窗玻璃是"减速玻璃"吗？

高铁车窗玻璃不是"减速玻璃"，而是"安全玻璃"。高铁车窗玻璃与汽车前挡风玻璃的结构是相同的，也没有减速效果。最理想的玻璃就是可见光透射率高、完全没有光畸变，透过这种玻璃能够完全真实地反映外面景物的物理形态与运动状态，跟没有玻璃一样的视觉效果。现代高速交通工具（包括飞机、火车、汽车等）上用的玻璃，按照有关标准必须是安全玻璃。

5.13 旅客列车的分类有哪些？它们的代码都是什么意思？

根据交通运输部的规定，我国旅客列车的分类主要有：

第一类：G——高速铁路动车组。

第二类：D——动车组列车。

第三类：C——城际列车。

第四类：Z——直达特快列车。

第五类：T——特快列车。

第六类：K——快速列车。

第七类：Y——旅游列车。

第八类：普通快速列车，四位编号中首位为1~5；普通旅客列车，四位编号中首位为 6～7。

第九类：L——临时旅客列车。

第十类：A——按需开行列车。

第十一类：S——市郊列车。

5.14 高铁是如何定价的？

虽然大多数高铁执行递远递减的规则，但是并非所有线路都是这样。详细的计算标准要以国家发改委的文件为主。高铁车票的价格问题主要涉及车次的等级以及旅行距离的远近。价格跟时间没有必然联系，只跟里程和车次级别有关。

1. 一等座的票价计算 一等座的票价计算和速度有关，不同的速度对应不同的票价。

时速 300 km 的一等座票价：G 高速列车，0.74 元/(km·人)。

时速 200 km 的一等座票价：D 高速列车，0.37 元/(km·人)。

如果分别提速至 350 km/h 与 250 km/h，大约有 5% 的价格变动。

2. 二等座的票价计算 二等座的票价计算也和速度有关，不同的速度也对应不同的票价。

时速 350 km 的二等座票价：G 和 C 高速列车，0.48 元/(km·人)。

时速 250 km 的二等座票价：D 高速列车，0.32 元/(km·人)。

现在降速后，统一降价 5%。

时速 300 km 的二等座票价：G/C 高速列车，0.48×0.95 元/(km·人)。

时速 200 km 的二等座票价：D 高速列车，0.32×0.95 元/(km·人)。

3. 递远递减的分段计价原则 高铁的票价执行递远递减的计价原则，分段实行折扣，大致是这样一个原则。

500 km 以内，执行原价。以时速 300 km 为例，那就是 0.46 元/(km·人)。

500~1 000 km，约执行 9 折，约 0.414 元/(km·人)。

1 000 km 以上，约执行 8 折，约 0.368 元/(km·人)。

目前，法国、德国、日本等国家的高铁票价远远高于中国。根据高铁见闻著的《高铁风云录》，法国高铁的票价是每千米 0.24~0.31 美元，德国是每千米 0.34 美元，日本是每千米 0.19~0.31 美元，而中国是每千米 0.077 美元，约相当于他们的四分之一。中国高铁具有明显的大众化特点。

5.15 中国高铁为什么没选高大上的磁悬浮？

由于没有了空气阻力，真空磁悬浮时速可达 3 000~4 000 km，能耗不到民航客机的十分之一，而噪声、废气排放接近于零。但真空磁悬浮还停留在概念阶段，考虑到巨大的建设成本以及维护等问题，真空磁悬浮离实际应用还有很远的距离。如图 5-13 所示。

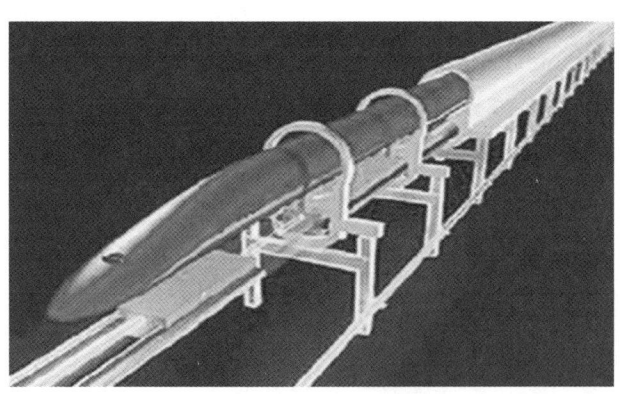

图 5-13　磁悬浮高铁

普通磁悬浮技术不可谓不先进，由于克服了车轮与轨道之间的阻力，磁悬浮列车可以更容易实现高速运营，理论上可以按照时速 500 km 运营。中国高铁建设为什么没有采用磁悬浮技术？

第一,磁悬浮的相对优势不明显。磁悬浮相对轮轨,最大的优势是速度。这是因为:一方面,由于轮轨试验速度已经突破 574.8 km/h,运营速度能够突破 350 km/h 的时候,磁悬浮的速度已经不那么明显了;另一方面,磁悬浮虽然克服了车轮与轨道之间的摩擦,但空气阻力还在,高速运行物体的空气阻力是速度的二次方,其能耗是速度的三次方,当速度达到 300 km/h 以上时,运动物体所受的阻力 90% 是空气阻力,磁悬浮还需要磁力将列车浮起来,也要消耗大量能量。所以当轮轨技术轻松突破时速 300 km 时,磁悬浮技术的相对优势已经不那么明显了。

第二,磁悬浮技术有比较明显的劣势很难克服。这是因为:一方面,经济因素限制,磁悬浮线的修建成本要大幅度高于轮轨线路的建设;另一方面,技术方面限制,高铁要发挥最大的效用,第一要素是必须联网,但是在技术上磁悬浮天生就是为点对点的运输而生,因为变轨的技术难度非常大,所以磁悬浮很难联网。

5.16 为何要研发时速 600 km 磁浮列车?

2017 年 10 月 21 日,我国最大的轨道交通设备制造商中国中车股份有限公司宣布,将启动时速 600 km 高速磁浮、时速 400 km 跨国联运高速列车等项目的研发。中国已有高铁,为何要研发时速 600 km 磁浮列车(图 5-14)?

图 5-14　600 km 磁浮列车

高铁问答

1. 时速 600 km 达飞机时速的 2/3　时速 600 km 到底是什么概念呢？目前，我国民航客机的平均时速大概是 900 km，也就是说启动的高速磁浮，能达到飞机时速的三分之二。本次研发项目前期实验阶段将建设一条长度不小于 5 km 的高速磁浮试验线，并研制一列高速磁浮试验列车。

有了高铁，为什么还要磁浮？目前，我国轮轨高铁运营里程已经突破 2 万千米，居世界第一，运营的轮轨高铁占世界高铁总里程的六成以上。轮轨高铁与其他铁路共同构成的快速客运网已基本覆盖 50 万以上人口城市。为何还要研发高速磁浮项目（图 5-15）？

这是因为：首先，我们要抢占科学技术的前沿，为"后高铁时代"做一些技术储备，并且为国民经济及群众生活水平的提高做更多的安排。其次，高速磁浮不仅速度快，安全性上也没得说，甚至会超越高铁。再次，轮轨高铁有一定的物理局限，可能比较适合时速 400 km 以下，比较经济实用，要进一步提升舒适度，运营速度达到世界第一，从目前的认知来看，非磁浮莫属。最后，磁浮列车很轻，能够提供更大的牵引功率，也无震动。

图 5-15　高速磁悬浮列车

2. 时速400 km跨国联运列车研发启动　时速400 km跨国联运列车项目还将研究"一带一路"沿线国家不同轨距、不同电压制式、不同环境温度、不同技术标准、不同信号控制的运用需求，按照统一的技术平台、不同的技术路线研制具有产品平台特征的时速400 km跨国联运高速列车。据悉跨国联运高速列车项目由中车长客股份公司牵头，中车长客股份公司、中车四方股份公司、中车唐山公司将各研制一列动车组，其中中车长客与中车四方研制的列车，能够适应-40 ℃至-50 ℃的运营环境，中车唐山公司研制的列车则能够适应50 ℃至-25 ℃的运营环境。400 km/h可变轨距高速列车如图5-16所示。

图5-16　400 km/h可变轨距高速列车

启动的磁浮交通系统关键技术项目主要目的是攻克中、高速磁浮交通系统悬浮、牵引与控制核心技术，形成中国自主并具有国际普遍适应性的新一代中、高速磁浮交通系统核心技术体系及标准规范体系，具备中、高速磁浮交通系统和装备的完全自主化与产业化能力。

总之，昨天的城市公共交通让我们生活顺畅通达，今天的城际列车和高铁让我们生活便捷舒适，而明天磁浮高铁和超级高铁让我们生活更加美好。所以，让我们怀着坚定确切的心，让高铁连接世界，世界各国因高铁的魅力吸引彼此，也让我们的世界早日进入"地球村"。

参考文献

[1] 胡启洲，张卫华，张晓亮，等. 高速铁路安全运营的测度理论与监控方法[M]. 北京：科学出版社，2014.

[2] 高津利次，甘霖. 日本高铁的历史与未来[J]. 国际城市规划，2011，26（6）：6-15.

[3] 高铁见闻. 高铁风云录[M]. 长沙：湖南文艺出版社，2015.

[4] 王麟，李政. 高铁的前世今生[M]. 北京：中国铁道出版社，2016.

[5] 单位铁道第三勘察设计院集团有限公司. 高速铁路设计规范[M]. 北京：中国铁道出版社，2014.

[6] 高柏，李国武，甄志宏，等. 中国高铁创新体系研究[M]. 北京：社会科学文献出版社，2016.

[7] 李向国. 高速铁路技术[M]. 北京：中国铁道出版社，2005.

[8] 雷风行. 中国速度：高速铁路发展之路[M]. 北京：五洲传播出版社，2013.

[9] 徐志胜，翟婉明. 高速铁路轮轨噪声预测分析[J]. 中国铁道科学，2004，25（1）：20-27.

[10] 兰云飞，仝泽柳，石瑛. 高速铁路概论[M]. 北京：北京交通出版社，2015.

[11] 赵鹏，杨浩. 京沪高速铁路列车开行模式的研究[J]. 北京交通大学学报，2006，30（3）：5-9.

[12] 汪德根. 高铁网络时代区域旅游空间格局[M]. 北京：商务印书馆，2016.

[13] 贾利民，王莉，秦勇. 突发事件下高速铁路运输组织：理论与应用[M]. 北京：北京交通大学出版社，2017.

[14] 左辅强，沈中伟. 高铁时代[M]. 北京：科学出版社，2012.

[15] 王晓刚. 国外高速铁路建设及发展趋势[J]. 建筑机械，2007（5）：30-36.

[16] 郭大为. 国外高速铁路建设与运营组织模式[J]. 铁道运输与经济，2004，26（8）：79-81.

[17] 铁道部人才服务中心编. 列车员[M]. 2版. 北京：中国铁道出版社，2015.

[18] 程学庆，等. 高铁应急救援管理及预案研究[M]. 北京：中国铁道出版社，2015.

[19] 张燕红. 主动磁悬浮系统的驱动及控制技术[M]. 南京：东南大学出版社，2017.

[20] 王立天，李力鹏. 高速磁悬浮牵引供电系统[M]. 北京：北京交通大学出版社，2014.

[21] 胡思继，张继之. 德国磁悬浮高速铁路系统[J]. 世界铁路，1993（2）：17-19.

[22] 肖新立. 高速铁路轮轨与磁悬浮方案对比分析[J]. 交通科技，2004（3）：87-91.

[23] 张爱华. 世界高铁的"前生今世"[J]. 社会观察，2011（1）：59-60.

[24] 张配豪."超级高铁"能否顺利出发[J]. 人民周刊,2016.

[25] 边群. 美国"超级高铁"完成首次测试中国也在开展相关研究[J]. 理论视野,2016.

[26] 陈茜. 超级高铁引领未来新时速[J]. 现代工业经济和信息化,2013,17(13):80-81.

[27] 谷江敏. 秒杀磁悬浮的交通工具——超级高铁[R]. 中国经济报告,2016.

[28] HYDE-WRIGHT,ALEXANDER,GRAHAM,et al. Counting Bicyclists with Pneumatic Tube Counters on Shared Roadways[J]. Institute of Transportation Engineers,2014,84(2):32-37.

[29] 杨慧君. 超级高铁:高速航天器的跨界演出[N]. 中国航天报,2016-05-21:004.

[30] THOMPSON,CLIVE. The Next Pipe Dream[J]. Smithsonian,2015,46(4):17-18,20,23.